「8つの知能」をいかす インクルーシブ教育

MI理論で変わる教室

本田 恵子 編著

身体・運動的知能
言語・語学的知能
音楽・リズム的知能
対人的知能
内省的知能
論理・数学的知能
視角・空間的知能
博物学的知能

学事出版

はじめに

　本書は、「学びの多様性」に対応する授業の在り方についての新しい視点として MI（Multiple Intellegence）の理論を活かした授業の在り方を紹介することを目的にしています。

　児童生徒の不登校や校内暴力は増加の一途であり、その背景に学業不振が挙げられています（文部科学省2022）。

　授業中に動き回る、授業を聞かずに好きな本や作業をしていると不適応行動とみなされて「生徒指導」の対象となります。本当は、授業がわからなかったり、自分の学び方とあわないのでつまらなくなったりしているのですが。

　また、インクルーシブ教育が進まない背景に、日本でのインクルーシブ教育が特別支援教育からのインテグレーション（交流教育）で留まってしまっていることが指摘されています。つまり、「知的障害」「身体障害」「発達障害」など、「障害種別」での教員養成プログラムによって育成された特別支援教育の専門家と、定型発達をしている児童生徒への学習や心理社会的対応ができる知識とスキルを持つ通常学級の教員養成はできても、発達におけるグレーゾーン、多様な文化背景や LGBTQ 等の児童生徒への知識と対応スキルを修得している教員が少ないのです。そのために、両者をつなぐ「特別支援教育コーディネータ」や「委員会」等が設置され、「IEP（Individualized Educational Plan）、個別の教育計画」が立案されていますが、通常学級において「合理的配慮」や個別の教育を行うことには、人材も教材準備への知識や時間が不足しています。MI についても、個別学習が進んでいる海外では早くから授業に取り入れられていますが、スクール形式の集団授業形式の日本では展開方法が難しかったのです。

　本書では、「学びの多様性」を「脳科学」の視点で解説し、状況のとらえ方（入力）、感じ方や考え方（情報の処理）、表現の仕方（出力）を MI を活用して実践していった小学校と中学校の実践事例を紹介していきます。また、インクルーシブ教育には、LGBTQ の視点も欠かすことができませんので、併せて実践事例を紹介します。現場での実践の参考になることをねがっています。

2024年 3 月　　本田恵子

もくじ

学びの多様性を理解する

第3章
学びの多様性を活かした授業実践 ……89

第1章

インクルーシブ教育の基礎知識

日本における
インクルーシブ教育の制度と歴史

　1994年にユネスコで「サラマンカ宣言」が、2006年に国際連合で「障がい者の権利に関する条約」が採択されたことで、世界はインクルーシブ教育の方向に動いていきました。日本もこれらを受けて法や制度の整備が為されていきました。恐らく、この本を手に取っている皆さんも「インクルーシブ教育」という言葉を聞いたことがあるのではないでしょうか。しかし、今日の日本では、なかなかインクルーシブ教育が進まない・難しいという声が聞かれます。それはなぜなのでしょうか。この章では日本の現状の課題や今の日本でできることは何かを考えていきたいと思います。

　「インクルーシブ教育は障害のある児童生徒が一緒の教室で授業を受けることだ」と思っていませんか？実は、これにはいくつかのかんちがいがあります。そのかんちがいを基に、インクルーシブ教育について考えていきたいと思います。

1.1　インクルーシブ教育とは何か？

かんちがい①　インクルーシブ教育は特別支援教育のことである

インクルーシブ教育って、特別支援教育のことですよね？何が違うんですか？

　文部科学省のホームページを見てみると、インクルーシブ教育システムは「特別支援」の分類に位置付けられています。これを見て分かる通り、日本ではインクルーシブ教育＝特別支援教育と言う考え方が広く伝わっています。なぜでしょうか？そして、本来のインクルーシブ教育とは何でしょうか？

　実は、文部科学省は「インクルーシブ教育」ではなく、「インクルーシブ教育システム」という言葉を使っています。実は、この違いに日本で「インクルーシブ教育＝特別支援」と考えられている理由があります。

☆インクルーシブ教育☆

　そもそも、「インクルーシブ教育」という概念は、1994年にユネスコとスペイン政府によって開催された特別ニーズ教育世界会議において、「サラマンカ宣言」が採択されたことで、その重要性が示されました。この中で「万人のための教育（Education for All）」を目的とし、教育は障害児を含む「すべての」子どもたちの基本的権利であるとしました。

インクルーシブの内容（NASP：National Association of School Psychologists

を基に）

インクルーシブ教育を以下5点のダイバーシティ教育としている。

     ①人種、階級、文化、言語

     ②ジェンダー、性自認（ジェンダーアイデンティティ）、性的指向

     ③宗教、国籍、市民権

     ④能力（障がいの有無：身体、発達、精神等）

     ⑤その他の様々な違い

☆インクルーシブ教育システム☆

　それでは、「インクルーシブ教育システム」とは何でしょうか？「インクルーシブ教育システム」を定義づけたのは、2006年に国連総会で採択された「障がい者の権利に関する条約」です。この条約は、障害者の人権及び基本的自由の享有を確保し、障害者の固有の尊厳の尊重を促進することを目的としており、障害のある者と障害のない者が共に学ぶ仕組み（インクルーシブ教育システム）を定義づけました。第24条の「教育について」では、障害者が一般的な教育制度から「排除されないこと・平等であること」、必要とされる「合理的配慮が提供されること」「個別化された支援措置がとられること」などが提示されています。

　ここで注目してほしいのは、サラマンカ宣言では「全ての」子どもたちを対象にしているのに対し、障害者の権利に関する条約は「障害のある者」を対象にしていることです。日本の法律や制度は「障害者」を対象とし、特別支援教育に位置付けていることから「インクルーシブ教育システム」を基に進められていることが分かります。ですが、本来のインクルーシブ教育は「全ての子どもたち」が分かりやすい教育を受けることだと理解してください。

配慮がない状態
支援はなく、みんなが同じ教材を使用している状態

平等
みんなが同じ教材を使用し、同じ支援を受ける状態

公正
必要な人に必要な支援（合理的配慮）が提供される状態

図1　平等と公正、障壁の排除

　図1は「全ての子どもたちが分かりやすい状態とは何か」を示しています。3人の子どもたちが動物園で白くまを観ようとしていますが、壁があって見えにくいです。「平等」とは置いてあるブロックを平等に一つずつ利用している状態です。学校で言うと、同じ教材を使用し、支援を受けるとしたら同じように支援を受ける状態です。

障壁そのものを取り除く
誰でも見やすい・分かりやす
い状態

しかし、一番大きな子はブロックを使わなくても観ることができます。そこで「公正」です。公正は必要な人に必要な支援（合理的配慮）が提供される状態を指します。動物園に置いてあるブロック（置いてあることは基礎的環境整備）を必要であれば使用し、必要がなければ使用しないことを選択できます。しかし、壁がなければそもそもブロックがなくても白くまを観ることができます。これを「障壁そのものを取り除く」と言います。学校で言うと、みんなに分かりやすい授業、表示などを指します。

1.2 多様な学びとは何か？

かんちがい②　一緒の教室で学ぶことがインクルーシブ教育である

　特別支援対象の児童生徒に同じ教室で同じ課題を取り組ませるのは難しいなぁ。でもインクルーシブ教育って、一緒の教室で授業を受けなきゃいけないんですよね？

かんちがい③　「多様な学び」は通級などに行くことである

　最近よく聞く「多様な学び」って通級や学びの教室に行くことでしょ。「多様な学び」って別の場所でサポートを受けなきゃいけないの？

　「共生社会の形成に向けたインクルーシブ教育システムのための特別支援教育の推進（報告）」（文部科学省）に「同じ場で共に学ぶことを追求する」という言葉があります。そして同時に「多様な学びの場」という言葉もあります。果たして、インクルーシブ教育は同じ教室で学ぶことなのでしょうか？そして「多様な学び」とは通級や学びの教室などのことなのでしょうか？

　同じ場で共に学ぶことを追求するとともに、個別の教育的ニーズのある幼児児童生徒に対して、自立と社会参加を見据えて、その時点で教育的ニーズに最も的確に応える指導を提供できる、多様で柔軟な仕組みを整備することが重要である。小・中学校における通常の学級、通級による指導、特別支援学級、特別支援学校といった、連続性のある「多様な学びの場」を用意しておくことが必要である。（「共生社会の形成に向けたインクルーシブ教育システムのための特別支援教育の推進（報告）」）

　「インクルーシブ教育」を行っているアメリカと、「インクルーシブ教育システム」を基

に教育を行っている日本を比較しながら多様な学びについて考えてみましょう。

アメリカ：「全ての子どもを対象としたユニバーサル」な支援・学び方

　アメリカは「全ての子どもを対象としたユニバーサル」な支援・学びを行なっています。支援を受ける基準は障害の有無ではなく「教育的ニーズ」があるか否かで決まります。また、支援を受けている子どもに限らず、下の例の様に個々の学び方や選択を尊重した学習活動が展開されています。

例1）一つの教室内で小グループ指導、タブレットを用いた指導、個別の調べ学習が展開されており、子どもが自分に合った学習を選択することができます（図2）。

例2）全員が「必ずすること」と「できればすること」がリストとして提示されています（図3）。

図3　「必ずすること」と「できればすること」のリスト

　また、アメリカでは障害のある子どもに対しては「最小制約環境」の条項に基づき、可能な限り障害のある子どもが障害のない子どもと共に教育を行うことが目指されています。また、「障害者教育法」に基づき、障害のある子どもに対して高い専門性を有する多用な

特別教育に関するサービス職員が障害のある子どものニーズに応じて連携し、支援を行っています。

日本：一斉授業の中で「障害のある子ども」が障害のない子どもと共に学ぶための支援

　日本は「インクルーシブ教育システム」の理念を構築することを目指しており、「共生社会」「多様な学びの『場』」をキーワードにシステムが整えられつつあり、合理的配慮や交流教育、通級の整備が進められています。先述した通り、「インクルーシブ教育システム」では「障害のある者」が対象であり、合理的配慮や支援を受ける際は専門機関の所見を基に検討・提供されています。

　現在の日本の教育は、インテグレーション（統合教育）という障害のある子どもとない子どもが同じ場所で教育を受ける形態をとっており、これをインクルーシブ教育システムと言っているのです。

　この障害のある子どもとない子どもが同じ場所で教育を受けるような現在の日本の教育はインテグレーション（統合教育）と言われ、このシステムをインクルーシブ教育と言っているのです。本来、インクルーシブ教育とは、同じ場である必要はなく、多様な学びを通して共通の目的達成に向けて学習するものなのです（図4）。日本でも、システムとしては作られていませんが、UDL（学びのユニバーサルデザイン）の必要性があげられ、教員個人や学校全体で導入している実践例も見られます。

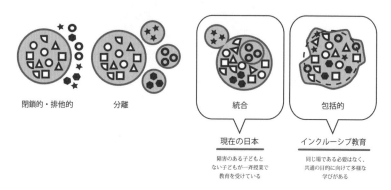

図4　教育の形態の比較

表1　アメリカと日本の教育の比較

アメリカ インクルーシブ教育		日本 インクルーシブ教育システム
全ての子ども	対象	障害のある子ども
自分に合った方法を選択	授業の形態	一斉授業

　本来のインクルーシブ教育とは「全ての子どもたち」が分かりやすい教育を受けることです。

　同じ教室・同じ学習方法で授業を受けなくてはいけないわけではなく、同じ学習到達目

標に向けて、各々に合った方法で学習を進めていくことが「多様な学び」となり、今後必要な視点となってきます。

　しかし、日本でアメリカと同じような学習スタイルを取れば良いのかというとそうではありません。法律や風土、教員の役割など様々なことが異なるからです。では、今の日本で「障害」という壁を取り払って教育を進めるためにはどうすれば良いのでしょうか。第3章・4章では、日本でMI（マルティプルインテリジェンス）を実践し、学校全体でインクルーシブ教育に取り組んだ事例を報告します。

1.3　日本におけるインクルーシブ教育の制度と歴史

　日本のインクルーシブ教育の現状を先述しましたが、ところで、インクルーシブ教育はやらなくてはいけないことなのでしょうか？

> **かんちがい④　インクルーシブ教育は「できれば」やる**
>
> インクルーシブ教育って大変なんですよね。忙しいし、やれる人がやればいいんですよね。

　日本は「障害者の権利に関する条約」を2014年に批准しており、国として、インクルーシブ教育を推進する義務あります。また、1994年の「サラマンカ宣言」、2006年の「障害者の権利に関する条約」が採択されたことで、日本でも法整備が行われ、それに準じて制度が制定されていきました（図4）。合理的配慮や環境調整などの具体的方策は制度として示されていますが、その前段階として法が整備されています（図5）。

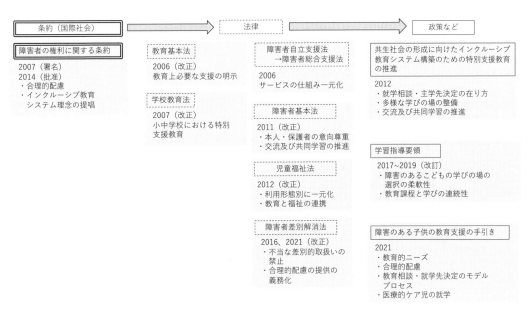

図5　インクルーシブ教育に関係する条約・法律・制度

具体的には、「教育基本法」で「障害のある者が、その障害の状態に応じ、十分な教育を受けられる様、教育上必要な支援を講じなければならない」とされており、それに基づき「共生社会の形成に向けたインクルーシブ教育システムの構築のための特別支援教育の推進」によって合理的配慮、基礎的環境整備、多様な学びの場の整備、教室などでインクルーシブ教育をすることが求められる」と示されています。他にもインクルーシブ教育に関わる必要な法律・制度・政策は表1に示してあります。

このように法律や制度で示されている以上、インクルーシブ教育は「しなくてはならないもの」という認識が必要です。また、日本のインクルーシブ教育では「障害」に対して支援をするという視点が強いですが、障害に限らず「全ての子どもたち」が学びやすい授業が本来求められているインクルーシブ教育であり、日本のインクルーシブ教育の課題であるといえます。このことから、ぜひ「全ての子どもたち」が学びやすい授業を目指してください。

また、日本では保護者・本人が「困った」「支援を受けたい」と感じた際の窓口が一貫しておらず「どこに相談して良いかわからない」という課題もあります。学校として取り組まなくてはならない内容を理解するとともに、その根拠となる法律や政策を知っておくことが必要です（図6）。合理的配慮・基礎的環境整備・多様な学びの整備・学校間連携に関しては学校が窓口対応、その他の就学相談や教育相談については地域・自治体が窓口対応となります。

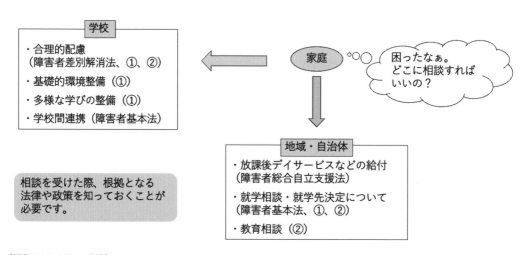

（根拠となる法・政策）
①共生社会の形成に向けたインクルーシブ教育システムの構築のための特別支援教育の推進
②障害のある子供の教育支援の手引き〜子供たち一人一人の教育的ニーズを踏まえた学びの充実に向けて〜

図6　インクルーシブ教育に関する相談の窓口・根拠となる法律や政策

表1　インクルーシブ教育に関係する条約・法律・制度の内容

年（媒体） 条約・法・制度	内容
障害者の権利に関する条約 2006（国連総会） 2007（署名）2014（批准）	全ての障害者によるあらゆる人権及び基本的自由の完全かつ平等な享有を促進し、保護し、及び確保すること並びに障害者の固有の尊厳の尊重を促進することが目的
教育基本法（改正） 2006	改正ポイント： 「障害のある者が、その障害の状態に応じ、十分な教育を受けられるよう、教育上必要な支援を講じなければならない」とした
学校教育法（改正） 2007	改正ポイント： 全ての学校において、障害のある幼児児童生徒の支援をさらに充実していくことになった。 ・盲聾養護学校から特別支援学校への転換 ・特別支援学校のセンター的機能 ・発達障害を特別支援教育の対象とした
障害者自立支援法 2006 ↓ 障害者総合支援法 2013	・障害者の種別にかかわらず、障害のある人々が必要とするサービスが利用できる仕組みを一元化 ・児童デイサービスを介護給付 ・教育と福祉の連携
障害者基本法（改正） 2011	改訂ポイント： 十分な教育が受けられるようにするため可能な限り共に教育を受けられるよう配慮しつつ教育の内容及び方法の改善・充実を図る ・本人・保護者の意向を可能な限り尊重 ・交流及び共同学習の積極的推進
児童福祉法（改正） 2012	改正ポイント： ・障害児支援を障害種別から、通所・入所の利用形態別により一元化 ・教育と福祉の連携
共生社会の形成に向けたインクルーシブ教育システムの構築のための特別支援教育の推進 2012	・就学相談・就学先決定の在り方 ・合理的配慮、基礎的環境整備 ・多様な学びの場の整備、学校間連携 ・教職員の専門性向上
障害を理由とする差別の解消の推進に関する法律（障害者差別解消法） 2016、2021改正	一人一人の障害に対応した教育の更なる充実 ・不当な差別的取扱いの禁止 ・合理的配慮の提供の義務化（私立学校も対象）
学習指導要領　改訂 2017～2019	改正ポイント： インクルーシブ教育システムの推進により障害のある子供の学びの場の選択の柔軟性
障害のある子供の教育支援の手引き～子供たち一人一人の教育的ニーズを踏まえた学びの充実に向けて～ 2021	「教育的ニーズ」を整理するための考え方 ・合理的配慮 ・教育相談・就学先決定のモデルプロセス ・医療的ケア児の就学

2 インクルーシブ教育を 成功させる学校の組織化のコツ

　1節で述べたように、インクルーシブ教育の推進・実施は法や政策で定められています。しかし、なかなか学校全体で組織的に進めることが難しいのが現状です。では、どのように進めていけば良いのか、ここでは学校全体でインクルーシブ教育を進めている学校の事例を紹介しながら説明をしていきます。

2.1 学校全体でインクルーシブ教育を進めるために必要なこと

　学校が組織としてインクルーシブ教育を進めていくためには、四つの段階を経ていきます。この段階を説明する前に、まずはインクルーシブ教育に必要な取り組みをチェックリスト（表2）としてあげますので、ご自身・ご自身の学校の状況をチェックしてみましょう。この内容は、「特別支援教育の推進について（通知）」（2007）と「共生社会の形成に向けたインクルーシブ教育システム構築のための特別支援教育の推進（報告）」（2012）から9つの項目として作成しました。文部科学省から設置などを求められてから時間が経過していますので、まだの学校は早急に取り組みましょう。また、2021年の「障害者差別解消法（改正）」では私立学校も対象になっています。ので「特別支援教育の推進について（通知）」（2007）とともに取り組みが必要です。

表2　必要な取組みチェックリスト

	項目	段階		詳細	
①	校内委員会	設置	設置	校内委員会を設置している	☐
			システム	校内システムの構築をしている （気になる児童生徒がいた時・相談があった時、誰がどのような対応をするのか役割・ルートが決められている）	☐
		運営	開催	定期的に開催している（隔週以上）	☐
			内容	特別な支援が必要な児童生徒の実態把握を行っている	☐
				上記児童生徒の支援方策などを検討している	☐
		全体との連携	抽出	気になる児童生徒の状況や経過などの情報を関係する教職員から抽出している	☐
			共有	校内委員会で検討した内容を関係する教職員や全体と共有している	☐
②	実態把握	把握内容	対象の理解	どの様な児童生徒の実態を把握する必要があるのか、教職員が理解している	☐
			内容	教職員が把握する内容を理解している（障害や発達の状況、関係機関、どの様な苦手・困りがあるのか、どの様な時にできるのかなど）	☐
		把握	担任など	担任など、実際に関わっている教職員が上記児童生徒の実態を把握している	☐

No.	分類	項目	細目	内容	✓
		情報の共有（学年）		上記児童生徒の実態把握を学年で情報共有している	□
		情報の共有（校内委員会・全体）		（必要に応じて）上記児童生徒の実態把握を校内委員会・学校全体で情報共有している	□
		連携		家庭と情報の共有や必要な支援・配慮について連携して検討している	□
③	特別支援教育コーディネーター	指名		学校長が指名し、校務分掌に位置付けている	□
		役割の確認		役割や業務内容が明確になっている	□
		内容	校内	校内の関係者との連絡調整（校内委員会の準備・運営、担任の支援、校内研修の企画・運営）を行っている	□
			外部機関	外部機関との連絡調整（関係機関の情報収集、専門機関等に相談する際の情報収集・連絡調整、専門家チーム・巡回相談員との連携）を行っている	□
			保護者	保護者に対する相談窓口（面談の同席、支援体制の検討）を行っている	□
④	個別の教育支援計画	引継ぎ	入学時	就学前・小学校・中学校など、入学前の所属から教育支援計画を引継いでいる（入学前に確認を行っている）	□
		対象の決定		特別な教育的支援が必要な児童生徒を決定している（特別支援学校・特別支援学級・通級による指導を受けている児童生徒は必須）	□
		実態把握	教職員	担任や関係する教職員と実態（どの様な苦手・困りがあるか、どの様な時にできるのかなど）を把握している	□
			家庭	保護者や児童生徒との面談によって、実態（様子・障害や発達の状況・関係機関など）を把握している	□
			関係機関	対象児童生徒の関係する外部機関の把握や、必要に応じて連携を行っている	□
		作成	目標の設定	面談を通して、本人・保護者の願い・ニーズを把握している	□
				校内委員会で支援目標（長期・短期）を検討をしている	□
			支援などの検討	校内委員会で支援内容や方法、合理的配慮などを検討をしている	□
			合意形成	本人・保護者と確認・合意形成を取っている（実態把握・目標・支援・合理的配慮など）	□
			専門家との連携	（必要に応じて）作成時に専門家からの助言を受けている	□
		実施	実施	個別の支援計画に基づいて支援を実施している	□
			記録	（必要に応じて）記録を取っている	□
			見直し	評価の時期を待たず、必要に応じて支援方法などの見直しを行っている	□
		評価	評価	定期的に目標・支援などの評価を行っている	□
			見直し	評価に基づき、目標や支援方法・合理的配慮などの見直しを行っている	□
		引継ぎ	校内	次年度の担任や学年に引継ぎを行っている	□
			校外	転学先・進学先の学校へ引き継ぎを行っている	□
⑤	個別の指導計画	対象の決定		特別な教育計画が必要な児童生徒を教育課程に基づき決定している（特別支援学校・特別支援学級・通級による指導を受けている児童生徒は必須）	□
		実態把握（個別の教育支援計画の実態把握を活用する）	教職員	担任や関係する教職員と実態（どの様な苦手・困りがあるか、どの様な時にできるのか、どの様な手立てが有効か）を把握している	□
			家庭	保護者や児童生徒との面談によって、実態（様子・障害や発達の状況・家庭における有用な手立て・関係機関など）を把握している	□
			関係機関	対象児童生徒の関係する外部機関の把握や、必要に応じて連携を行っている	□
		作成	目標の設定	個別の教育支援計画の目標に基づき、教科・領域・生活などに置いて長期（年間）・短期（単元毎など）の目標を設定している	□

			指導計画の作成	教科・領域・生活などにおいて、児童生徒の実態に即した指導内容・方法・手立てなどを具体的（評価時に数値化できる）に作成している	☐
			内容の検討	校内委員会で目標・指導計画の検討を行っている	☐
			専門家との連携	（必要に応じて）作成時に専門家からの助言を受けている	☐
		実施	実施	個別の教育指導計画に基づいて指導を実施している	☐
			記録	（必要に応じて）記録を取っている	☐
			見直し	評価の時期を待たず、必要に応じて指導方法などの見直しを行っている	☐
		評価	評価	定期的に目標・指導内容・方法・手立ての評価を行っている	☐
			見直し	評価に基づき、目標や指導内容・方法・手立てなどの見直しを行っている	☐
		引継ぎ	校内	次年度の担任や学年に引継ぎを行っている	☐
			校外	（必要に応じて）転学先・進学先の学校へ引き継ぎを行っている	☐
⑥	合理的配慮	準備	相談時の対応のルート	合理的配慮の相談があった場合の対応のルートを整備している（誰が、どの様に対応・決定するかなど）	☐
			一覧表の作成	困難別に、どの様な合理的配慮が提供されるか一覧表を作成している	☐
			教職員の理解	「合理的配慮」の内容や対応について、教職員が理解している	☐
			学級作り	「あの子はそれが必要なんだな」と他の児童生徒が思えるような、多様性を認め合える学級作りをしている	☐
		検討・決定	検討	合理的配慮の相談があった際に、児童生徒の実態にあった内容であるかなどを校内委員会で検討を行っている	☐
			個別の教育支援計画への明記	決定した合理的配慮の内容を個別の教育支援計画に明記している	☐
			共通理解	決定した合理的配慮の内容を、教職員間で共通理解している	☐
		提供 評価・見直し		合理的配慮の内容が児童生徒に合っているかを定期的に評価し、見直しを行っている	☐
⑦	基礎的環境整備	準備	教職員の理解	「基礎的環境整備」の内容や「合理的配慮」の関係について、教職員が理解している	☐
			自治体との検討	児童生徒の実態に即した基礎的環境整備について、自治体と検討をしている	☐
		整備	（1）	ネットワークの形成・連続性のある多様な学びの場の活用（特別支援学校のセンター的機能、通級による指導など多様な学びの場など）を行っている	☐
			（2）	専門性のある指導体制の確保（校内委員会の設置、コーディネーターの指名、専門家を活用した指導体制の整備など）を行っている	☐
			（3）	個別の教育支援計画や個別の指導計画の作成等による指導（系統的組織的な支援体制など）を行っている	☐
			（4）	教材の確保（音声教材や拡大教科書の活用など）を行っている	☐
			（5）	施設・設備の整備（学校施設のバリアフリー化など、施設・設備の整備）を行っている	☐
			（6）	専門性のある教員、支援員等の人的配置（特別支援教育支援員などの人的配置や専門性のある教員になるための研修など）を行っている	☐
			（7）	個に応じた指導や学びの設定等による特別な指導（柔軟な教育課程の編成など）を行っている	☐
			（8）	交流及び共同学習の推進（居住地校交流など）行っている	☐

⑧	多様な学びの場の整備	転学や通級の対応	特別支援学校・特別支援学級への転学（転出入）	特別支援学校・特別支援学級の転学（転出入）に対して、対応を理解している	☐
			通級の利用	通級の利用の申請があった場合の対応のルートを整備している（誰が、どの様に対応・決定するかなど）	☐
				通級の指導内容や教室不在時の対応について、教職員が理解し、対応している	☐
				通級利用の児童生徒の個別の教育支援計画・個別の指導計画を作成している	☐
				通級利用児童生徒について、教職員間で共通理解している	☐
		通常の学級における多様な学び	専門家による指導助言	特別支援学校の巡回相談など専門家の活用を行っている	☐
			人的配置	特別支援教育支援員や専門的スタッフの配置を行っている	☐
				少人数学級・複数教職員による指導など指導体制の工夫を行っている	☐
			指導方法の工夫	全ての児童生徒に分かりやすい指導方法（授業 UD など）を検討・実践している	☐
				児童生徒が「自分が分かりやすい方法」で授業に取り組める指導方法を検討・実践している	☐
				デジタル教材を活用して、指導を行っている	☐
			教室以外の場所への対応	オンラインによる配信など、教室に来られない（欠席・不登校など）児童生徒の学びの場を作っている	☐
⑨	学校間連携	児童生徒の情報共有	情報共有	連絡会などを通して、進学・入学・転学する児童生徒の情報を共有している	☐
				進学先の学校へ・入学元の学校（園）から個別の教育支援計画の引継ぎを行なっている	☐
			情報の活用	引き継いだ内容を基に、校内でできる支援内容や方法を校内委員会で検討している	☐
		指導・対応法の研修		連絡会や研修会を通して、教科・教科外の指導法や児童生徒の対応法などを学んでいる	☐
		児童生徒の体験	見学会や体験入学	学校見学会や体験入学などを行っている	☐
			出前授業	出前授業などにより、進学する学校種の授業や生活をイメージする工夫をしている	☐
⑩	専門性の向上	学校の専門性向上	外部人材の活用	特別支援教育支援員の活用など、専門性のある外部人材を活用することで、学校としての専門性の向上を図っている	☐
		教員の専門性の向上	全ての教員	全ての教員が特別支援教育に関する知識・技能について、研修などを行っている	☐
			役職	管理職や特別支援教育コーディネーターなどが特別支援教育に関して専門性を向上するための研修を受講している	☐

2.2 組織化の4段階

> インクルーシブ教育をしなきゃいけないのは分かりました。でも、「学校全体」で「組織的」にする必要はあるんですか？

　ここでは学校を組織化してインクルーシブ教育を進めていく段階を説明していきます。その前に、そもそも「学校全体」で「組織的に」進めていく必要はあるのでしょうか？

　これは「学校全体で組織的に進めた方が上手く進められるし、先生方の負担も少なくなる」ので、した方が良いです。表2のチェックリストを見ると、教員一人でできる内容ではないということに気づかれたのではないでしょうか。担任の先生の中には「「個別の指導計画」を書いたことはあるけど、何を書いて良いか分からなくて苦労をした」という方や、「まだ自分のクラスにはいないけど「合理的配慮」を求められたらしなくてはいけない…でも、どう進めたら良いのか分からない」と不安に思ったりしている方もいるのではないでしょうか。そのような方はまず、「「しなくてはならない」でも「一人だと難しい」」ことが「組織化されるとスムーズに進む」だから、「組織化をした方が楽になる」ことを知っておいてください。また、養護教諭や特別支援教育コーディネーターなど、一人のキーパーソンがシステムになっている（一人の方が動いていることで成り立っている）ということもあります。その場合、そのキーパーソンが異動などでいなくなると、たちまち学校としての活動は停止してしまいます。そうならないためにも、組織化する必要があるのです。

　そしてさらに、子どもたち皆が分かりやすい授業・過ごしやすい学校を作っていこうと考えた時に、これも「一人だと難しい」のです。せっかく子どもたちのことを考えて行動に移している先生が複数人いるならば、意見を出し合ったり、方策を統一したりすると「先生たちもやりやすい」「子どもたちも分かりやすい」状況を作ることができます。

さらにいいこと

　インクルーシブ教育を組織的に取り組んだ学校に行くと、共通して言われることがあります。「子どもたちが分かりやすい授業・過ごしやすい生活にしたら、自然と自分たちで考えるようになった」「落ち着いた」「自分たち（教員側）の負担が不思議と減った」

　次は組織化の四つの段階を説明します。組織は図6のような段階を経て作られ、発展していきます。また、図7は組織化の詳しい流れを示しており、文章中にある〈 〉は各段階の名称、『 』は組織化に必要な要素を表しています。

スタート（第一段階） 児童生徒や先生方が「困ったな」と感じている段階が〈スタート〉（第一段階）です。ここでは児童生徒が何に困っているのかを把握すること、また先生方の困りごとを他の先生方に発信することが必要となってきます。この『困りごと』に対して、管理職や特別支援教育コーディネーターは『インクルーシブ教育の提案』をしていきましょう。『困りごと』と提案内容が合うことがポイントです。

チーム作り（第二段階） この段階ではチームが作られます。しかし、まだ組織にはなっていません。ここでは先生方が「インクルーシブ教育の取り組みが必要だな、やったら良くなるかな」と感じ、インクルーシブ教育への『動機づけ』をすることがポイントとなっています。一部の先生方がインクルーシブ教育に取り組んでいる状況もこの段階に含まれ、実際の児童生徒が変化していく様子を見て他の先生方が「やったら良くなるかも」と感じることも『動機づけ』となります。そして校内で「インクルーシブ教育に取り組みます」と『合意』をすることで第三段階の〈活動の活性化（組織化）〉へと進んでいきます。

活動の活性化（第三段階） 『合意』が得られたら、今まで一部のチームや個人として動いていたのが組織となっていきます。組織を作るためには『組織目標（どんな学校にしたいのか)』や『構造化（いつ・誰が・どんな役割をするのか)』といった『プランニング』が必要となります。そして、インクルーシブ教育の実施をするのですが、ここで大切なのは『やりやすさ』です。研究指定校などを受けた学校で「なかなか定着しないんです」という声を聞きますが、実は研究のために無理をしていたり、先生方への負担が大きく一過性の取り組みだったりするからでしょう。日々の活動の中に取り入れるためには効率化など先生方自身の『やりやすさ』が必要です。

第一段階 スタート	第二段階 チーム作り	第三段階 活動の活性化	第四段階 自己研鑽
児童生徒や先生方が困りごとを感じている段階	インクルーシブ教育の「取り組みが必要」だと先生方が感じ、学校全体で取り組むことに『合意』をする段階 一部の先生方で取り組んでいる段階も含まれる	校内での目標や体制を作り、インクルーシブ教育を組織的に実施していく段階 既に組織として動いている	研修以外でも、先生方同士で意見交換などをして、自分達で高め合っていく段階
必要なこと 児童生徒や先生方の困りごとに気づくこと	・「取り組んだらよくなるかも」など動機付けすること ・全教職員の合意を得ること	・目標や役割などを確立すること ・実施を通して、自分達なりの『やりやすさ』を探すこと（破綻しないために）	さらに良くなるためには？と先生方が自分たちで話し合ったり、動いたりしていくこと

図6　組織化の4段階

自己研鑽（第四段階）

　第四段階まで来ると、〈自己研鑽〉が始まり、組織として発展していきます。研修外でも教職員同士で意見交換をするなど『自己組織化』をしたり、次の課題を見つけ新たに取り組んだりすることで『発展』していきます。『自己組織化』ができた学校は、たとえメンバーが変わったとしても第三段階の『プランニング』からスタートすることができます。

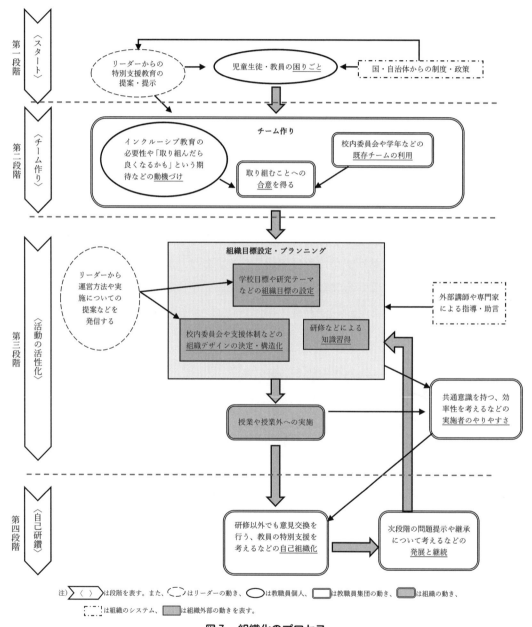

図7　組織化のプロセス
（藤田（2023）インクルーシブ教育を組織として効果的位実践している学校におけるプロセスの分析を改変）

組織化の４段階	システムがある方がスムーズ

1人の先生がシステムになっていると、その先生の異動後、困ってしまいます。そうならないためにも組織化は必要です。

配慮は助かるけれど、バラバラだと「次はどうするんだっけ？」と混乱してしまいます。
せっかくなので、統一しましょう！

2.3 役職別 各段階で必要なこと

> 「学校全体」の流れは分かったけど、自分は管理職でも、コーディネーターでもないし。結局、私は何をすれば良いの？

　「組織化の四段階」では、学校全体がどのような段階を経て組織となっていくのかを説明し、その中で必要なことを示しました。ここでは、「管理職」「特別支援教育コーディネーター（活動の中心になる方であれば、コーディネーターである必要はありません）」「他教員」の役割別に、どのようなことが必要なのかを実際にあったエピソードを交えて説明します（表3）。また、図7（P.22）では組織が作られるまでのプロセスをフローチャートとして示しました。学校としての四段階の中に、管理職・特別支援教育コーディネーターなどの「リーダー」、教職員「個人」、教職員「集団」の役割ごとに必要となる要素があり、それぞれどのように関係しているのかを表してあります。

表3 役職別 各段階で必要なこと

	第一段階	第二段階	第三段階	第四段階
	児童生徒や先生方が困りごとを感じている段階	インクルーシブ教育の「取り組みが必要」だと先生方が感じ、学校全体で取り組むことに『合意』をする段階。一部の先生方で取り組んでいる段階も含まれる	校内での目標や体制を作り、インクルーシブ教育を組織的に実施していく段階 既に組織として動いている	研修以外でも、先生方同士で意見交換などをして、自分達で高め合っていく段階
管理職	**困りの把握** 児童生徒・教職員が何に困っているかを把握する ＊実際に授業・休み時間の様子を見る	**動機づけ** 既存チームの利用 校内委員会などでコーディネーターと共に働きかけを行う（どの様に進めていくかなどの相談は必須）	**運営方法などの提案を発信** インクルーシブ教育に関する運営方法や実施について提案する	**発展と継続** 次の課題を教職員から吸い上げ、検討する
管理職	**制度・政策** 国や自治体からの制度・政策の提示を把握する	**動機づけ** 先生方が「取り組んだら良くなるかも」と動機づけしやすいように声がけをする。	**組織目標の設定** 学校目標などの組織目標をコーディネーターや他教員と検討・決定する	**発展と継続** 異動などに備えて、次のコーディネーターを指名する
管理職	**提案** インクルーシブ教育の実施を教職員に提案する	**合意** 全体にインクルーシブ教育に取り組むことへ合意を求める	**組織デザイン** 校内委員会や支援体制などを作るサポートをする	
管理職			**外部講師** 外部講師を招くなど、研修の場を設定する	
	第一段階	第二段階	第三段階	第四段階
特別支援教育コー	**困りの把握** 児童生徒・教職員が何に困っているかを吸い上げ、把握する ＊教科や休み時間など総合的に見立てる	**動機づけ** 既存チームの利用 校内委員会などで管理職と共に働きかけを行う（どの様に進めていくかなどの相談は必須）	**組織目標の設定** 学校目標などの組織目標を検討・決定する	**発展と継続** 次の課題を教職員と考え、検討する

ディネーター			
困りの共有 吸い上げた情報を管理職と共有・対応について検討する	**既存チームの利用** 校内委員会などの一部チームで実施をする	**組織デザイン** 支援体制やどのように動いていくのかを検討する（校内委員会などで話し合う）	**発展と継続** 次のコーディネーターに引継ぎを行う
提案 インクルーシブ教育の実施を管理職に提案する	**動機づけ** 先生方が「取り組んだら良くなるかも」と動機づけしやすいように声かけをする	**組織デザイン** 合理的配慮の対応など「誰が・どのように動くか」などのシステムを作る（校内委員会で話し合う）	
		やりやすさ 教職員のやりやすさを考えたり、うまくいっている例を紹介する	
第一段階	**第二段階**	**第三段階**	**第四段階**
他教員			
困りの把握 児童生徒が何に困っているかに気づく 教員間で共有する。	**既存チームの利用** コーディネーターなどと一部のチームとして実施する	**組織デザイン** 支援体制やどのように動いていくのかをコーディネーターなどと一緒に検討する	**自己組織** 研修以外でも意見交換などを行う
困りの発信 自分が困っていることについて、他教員・コーディネーターなどに相談・発信する	**動機づけ** 既に個々で取り組んでいたことがインクルーシブ教育に繋がっていることだと理解する	**組織デザイン** 合理的配慮の対応など「誰が・どのように動くか」などのシステムをコーディネーターなどと作る	**自己組織** 児童生徒だけではなく、「教職員間」でも分かりやすさを考える
	動機づけ 実施をしている様子を見て「取り組んだら良くなるかも」と動機づけをする	**知識習得** 研修などを通して、インクルーシブ教育について理解する	**発展と継続** 次の課題について検討する
	合意 インクルーシブ教育を取り組むことに「合意」する	**実践する** （児童生徒の見立て・環境整備・授業内外の取組み）	
		やりやすさ 共通の方法や効率性など、自分たちにとってやりやすい方法を考える	

（1）管理職

　管理職にも様々なタイプがいますが、組織化がうまくいくコツは「組織ができるまでは発信や声かけ」をし、「組織ができてきたら、一歩引いてサポートに回る」ことです。

　前半管理職は児童生徒や教職員の『困りごと』を把握し、それに合ったインクルーシブ教育の提案や運営方法などの提案をしたり、全教職員に『合意』を得たり、外部講師を招くなどの外部との調整を行います。また、特別支援教育コーディネーターや校内委員会メンバーと相談をしながら、『既存チームの利用』を通して教職員への『動機づけ』や、『組織プランニング』を行ってください。第四段階になると先生方は〈自己研鑽〉をしていきます。管理職が主導で動くよりも先生方が自分たちで考えていくことが、後半は大切になっていきます。

[NG]

先生たちの実態（この場合、多忙）に合った進め方が必要です。忙しすぎて、「言われた時は何とかやる」だと、多忙感のみ増し、発展もしにくいです。（2コマ目）

[OK]

先生たちの「困り」も聞いて、実態に合った取組みを進めてみると…研修日ではないのにミニ会議が。『自己研鑽』しているので、見守りましょう。

（２）特別支援教育コーディネーター

　特別支援教育コーディネーターはとても大事な役割です。全ての段階で活動の中心となりますが、一人で全てを担おうとせず「チーム」を作ることが大切です。時に管理職とチームとなって他教員に提案をし、時に〈既存チーム〉の一員として先発活動をし、時に校内委員会メンバーとして『組織デザイン』を作っていきます。ポイントは、第一・第二段階は児童生徒や他教員の『困りごと』や、「面倒だな・やりたくないな」という他教員の気持ちを聞くことです。何が心配でやりたくないのか？それを知った上で『動機づけ』を行うと『合意』に向かいやすいです。また、第三段階の『組織化』では、「誰が・いつ・どのように」動くのかを考えていきますが、「誰が見ても分かる・動ける」組織を作ることがポイントです。児童生徒へのインクルーシブ教育と同様です。また、初期は研究指定を受けていたり、「頑張ろう！」という気持ちが強かったりして凝った内容、少し無理をしている内容になりがちです。特別支援教育コーディネーターの立場から「こうしたら効率良くなるかもしれない」などといった提案をして軌道修正をすることも意識してみてください。

（３）他教員

　組織として活動をする際、他教員は組織の大きな構成員です。そのためには全教職員に『合意』を得ることが必要ですし、『組織デザイン』を作った時に各々が「何をするのか？」理解できることや、『やりやすい』と感じて実践することが必要となってきます。『やりやすい』と感じるためには、それぞれの段階で「自分は何に困っているのか」「どうしたら児童生徒が分かりやすくなると考えるのか」「どうしたら負担を軽減させることができるのか」など意見を交換し合えることが大切です。そうすることで、第四段階の〈自己研鑽〉の下地を作っていくことができます。

チームを作り、一部での取組みが上手くいったら、次の段階へ！上手く行っている様子が「自分もできるかも」という『動機付け』になり、全体で取組む『合意』につながります。

分かりやすい授業にしたい。でも、これ以上、忙しくなるのは…と悩むもの。自分の得意を活かして、『やりやすい』方法を探しましょう！
デジタルでなくても OK ですよ。

3 インクルーシブ教育の課題

　本節では、インクルーシブ教育が進まない背景である「多様性の理解」を「学びの多様性」と「性の多様性」の視点で解説し、人間の個性を生成・維持している脳の機能の理解を進めていきます。

3.1 「学びの多様性」へのバリアの課題

（1）「脳の機能」や発達に対する専門知識とスキルの不足

　児童生徒の多様性を理解するためには「脳の機能」を理解することが鍵です。「脳の機能」については、第2章で詳述し、第3章で具体的な実践例を紹介するので、本節ではパラダイムシフトの重要性を伝えます。

　パラダイムシフトとは、インクルーシブ教育を学校心理学の三次支援である病理モデルから、一次支援である健康モデルとしてとらえなおすことです。つまり、発達障害の特性別に困難を特定して「合理的配慮」や個別の支援の在り方を考える「特別支援教育」の視点から離れ、誰にでも関係する「脳の機能」の特性を活かした教育を考える視点を持つことです。脳の機能に注目すると「感情」「言語」「思考」「行動」の特性から理解しやすくなるため、文部科学省が推奨している「自主的、対話的で深い学び」、及び「考える力」を育てる教育が提案しやすくなります。これまでは、教師が「知識を教える」形式の授業が多かったため、「考える力」とは何か、脳のどこに働きかける教育をしたらいいのかがわからず困っている教員もいました。なぜなら、教員養成課程で「教授法」は学んでも子どもたちが「なぜ躓くのか」を「認知の発達」の視点で分析する機会や「テスト分析」や「躓き分析」を行う研修が少ないからです。また認知の特性を測る個別の心理アセスメント（知能検査、読書力、書字力の検査など）が校内ではできないため、外部の専門機関に行くには保護者や児童生徒の理解を得る必要があります。やっと専門機関に行ってもアセスメントデータから具体的な学習方法や社会性の支援方法についてのIEP（Individualizede Educational Plan：個別の教育計画）を立てるのは、学内の担任と特別支援コーディネータですが、専門的な心理検査のデータから、具体的にどのような学習方法や教材を使うとよいかの知識も専門的なスキルも不足しています。そのため「特別支援」の視点で「インクルーシブ教育」を推進しようとすると特別支援学級と通常学級の「インテグレーション」で留まらざるを得ないのが現状なのです。それゆえ、パラダイムシフトをしてMIによるアセスメントを活用し、生徒の学びの多様性に対応できるUDLを展開することが大切な理由がここにあります。

（2）通常学級における評価基準（ルーブリック）の作成へのとまどい

　UDLを実践するためには、「到達度」と「評価基準（ルーブリック）」が必須になります。一斉指導では、教員が何を教えるか、そのためにどういう教材を使うかという教える側の視点になりがちなため、教えられる側の生徒が何をどのように学ぶのかという視点が持てていませんでした。

　文部科学省（平成31年）では、それまでの観点別学習状況の評価を改善し、「資質・能力のバランスのとれた学習評価を行っていくためには、指導と評価の一体化を図る中で、論述やレポートの作成、発表、グループでの話合い、作品の制作等といった多様な活動に取り組ませるパフォーマンス評価などを取り入れ、ペーパーテストの結果にとどまらない、多面的・多角的な評価を行っていくことが必要である」と述べ、新学習指導要領に基づき「知識及び技能」「思考力・判断力・表現力等」「主体的に学習に取り組む態度」の3要素で学力を評価していくことを提案しました。

　UDLは、生徒が主体的に学ぶことが目的なので、自分に適した「様々な学び方」を実践するためには、学びのゴールとして「具体的に測定できる質的、量的な到達度とその評価基準」が必要になります。これが二つ目のバリアになっています。ルーブリックを作成するためには、言語力、思考力、創造力等の発達の視点が不可欠ですが、これまでの指導目標では到達度の設定が抽象的になりがちでした。例えば、目標を「学年相応の思考力を獲得する」とした場合、まず「学年相応の思考力」とは、何をどのように考えられるようになることを示すのかを具体的に定義する必要があります。また、その思考力が使えるというのは、どういう行動をみて判断するのか、その行動ができるようになるためには、下位の要素としてどのような力を育てるとよいのか、その要素はどうやったら育つのかを指導案に加えていく必要があります。

　表3-1は、第3章で紹介する学校全体を通じてMIの授業改善研究を実施した学校での作成例です。学校全体でルーブリックを作成してMIの授業を実践するために、以下の4ステップで「学習評価」を「到達段階別」に作成し、どの段階まで到達しているか、何を学べばいいのかについて生徒も教師も理解しやすいようにしました。

　ステップ1：「学習指導要領」の目標を見る。

　ステップ2：目標と知識・技能を比較しながら、何を学んでほしいかを項目に分ける。

　ステップ3：それぞれの要素について到達段階別のルーブリックを作成する。この時に、行動として評価できる言葉にする。

　ステップ4：到達段階別のワークシートを作る。その結果、教員も生徒も「何を学ぶか」が明確になりMIに対して疑問や抵抗を示していた教員も「わかりやすい」と協力的になってきました。

　表3-1は、英語のコミュニケーションの授業をMIで作っていく際に、中学校の「学習指導要領」から抜粋したものです。実際の授業の詳細は、第3章を参照ください。この授業では、ステップ2の目標の設定を「何を伝えたいかを、主体的に考えて、相手と対話する」としたため、話すこと、思考力を中心にルーブリックが組み立てられています。ま

た、表3-2のルーブリックに加える評価基準は、生徒の学力検査の結果やMIチェックシート、教員による行動観察等を総合的に見立て、評価基準をS（8割以上：評価5）、A（7割以上：評価4）、B（6割以上：評価3）、C（6割未満：評価1-2）としました。例えば、「思考・判断・表現」のA評価は、1（作文力）自分の名前・出身・好きなものなどについて、短文の他に重文、複文一つを使って表現することができる。2（言語表現力）作った文章を暗記して話すことができる、表現することができる。3（非言語表現：ジェスチャー）ジェスチャーを三種類以上使っている。等、具体的な行動目標が設定されています。

表3-1　ステップ1　中学英語の学習指導要領の「目標」を抜粋

（4）話すこと（発表）

ア	関心のある事柄について、簡単な語句や文を用いて即興で話すことができるようにする
イ	日常的な話題について、事実や自分の考え、気持ちなどを整理し、簡単な語句や文を用いて纏まりのある内容を話すことができるようにする
ウ	社会的な話題に関して聴いたり読んだりしたことについて、考えたことや感じたこと、その理由などを簡単な語句や文を用いて話すことができるようにする

Ⅲ　思考力、判断力、表現力　等　（詳細部分は　項目が多いので、省略します）
（2）情報を整理しながら考えるなどを形成し、英語で表現したり、伝え合ったりすることに関する事項

	具体的な課題等を設定し、コミュニケーションを行う目的や場面，状況などに応じて，情報を整理しながら考えなどを形成し，これらを論理的に表現することを通して，次の事項を身に付けることができるよう指導する。
ア	日常的な話題や社会的な話題について英語を聞いたり読んだりして必要な情報や考えなどを捉えること。
イ	日常的な話題や社会的な話題について，英語を聞いたり読んだりして得られた情報や表現を，選択したり抽出したりするなどして活用し話したり書いたりして事実や自分の考え，気持ちなどを表現すること
ウ	日常的な話題や社会的な話題について，伝える内容を整理し，英語で話したり書いたりして互いに事実や自分の考え，気持ちなどを伝え合うこと。

表3-2　ステップ3：　英語科におけるルーブリック評価の例

	S　8割以上（5評価）	A7割程度（4評価）	B6割程度（3評価）	C6割未満（1-2評価）
主体的に学習に取り組む態度	1（授業への態度）授業の発表ポイントを予習している。 2（授業を聞く態度）話す内容を自分からメモしたり質問している。 3（友人への態度）友だちが好きそうな話題について、自分でも調べたり、日常的に、映画、テレビなどで英語に触れあう機会を積極的に持っている。	1（授業への態度）自分から予習しわからないところを明確にできている。 2（授業を聞く態度）話す内容を正確に理解するために、ノートを自分からとり、整理している。 3（友人への態度）肯定的に聞けて聞き、自分が疑問に思ったことを質問できている。	1（授業への態度）授業に遅れずに参加し、言われた宿題は取り組む。 2（授業を聞く第度）話す内容を黙って聞いている。 3（友人への態度）肯定的に聞けている。教員から意見をもとめられると「同感です」というが、自分の考えが出てこない。	1（授業への態度）英語に対する不安や嫌悪が強い。宿題を取り組まない。 2（授業を聞く態度）ずっと下を向いたり、台本を読んだり、発表者を全く見ていない。 3（友人への態度）話しの内容に否定的又は、興味を持たない。教員から意見を求められても黙っている。

知識・技能（知識）			
1 （スピーチの決まりが身についているか）最初の挨拶、最後の挨拶など大きな声で堂々と言うことができる。 2 （基本的な強勢・標準的な発音）日本語 とは異なる英語の強勢を正しくつけたり、子音で終わる語など、正しく発音している。	1 （スピーチの決まりが身についているか）最初の挨拶、最後の挨拶など言うことができる。 2 （基本的な強勢・標準的な発音）1・2カ所間違うことはあるが、日本語 とは異なる英語の強勢を正しくつけたり、子音で終わる語など、正しく発音している。	1 （スピーチの決まりが身についているか）最初の挨拶、最後の挨拶など言っているがどことなくぎこちない感じがする。 2 （基本的な強勢・標準的な発音）時々不明瞭な音が聞こえる。また、強勢が間違っていたり、子音で終わる語など、正しく発音できていない。	1 （スピーチの決まりが身についているか）最初の挨拶、最後の挨拶を言うことができない。 2 （基本的な強勢・標準的な発音）強勢・発音が日本語のままである。英語の音として認識が難しい。

知識・技能（技能）			
1 （必要な情報を聞き取る力）話し手の好きなことを聞き取り書くメモのところを正しく記入している。 2 （円滑なコミュニケーションへの準備）間違っていても良いので、英語で話者への感想や質問が書かれている。	1 （必要な情報を聞き取る力）話し手の好きなことを聞き取り書くメモのところを7割正しく記入している。 2 （円滑なコミュニケーションへの準備）日本語でも良いので、話者への感想や質問も自分なりに考えて書いている。	1 （必要な情報を聞き取る力）話し手の好きなことを聞き取り書くメモのところを6割正しく記入しているが、所々聞き取れていないところや、間違っていることころがある。 2 （円滑なコミュニケーションへの準備）話者への感想や質問が日本語で時々、書かれている。	1 （必要な情報を聞き取る力）話し手の好きなことを聞き取り書くメモのところが半分以上間違っていたり、空欄で聞き取れていないところが多い。 2 （円滑なコミュニケーションへの準備）話者への感想や質問が全く書かれていないか、見当違いのことが書かれている。

思考・判断・表現力			
1 （作文力）自分の名前・出身・好きなものなどについて、重文・複文などを混ぜて創れる。 2 （言語表現力）抑揚をつけたり、テンポを調節しながらアピールしたいポイントがわかるように表現できている。 3 （非言語表現：ジェスチャー）様々なジェスチャーを使いながらことばでの説明ができる。	1 （作文力）自分の名前・出身・好きなものなどについて、短文の他に重文、複文1つを使って表現することができる。 2 （言語表現力）作った文章を暗記して話すことができる。表現することができる。 3 （非言語表現：ジェスチャー）ジェスチャーを3種類以上使っている。	1 （作文力）自分の名前・出身・好きなものなどについて短文で、2文程度作成できる。 2 （言語表現力）書いた文を読み上げて話すことができる。 3 （非言語表現：ジェスチャー）ジェスチャーを1つ使えている。	1 （作文力）自分の名前・出身・好きなものなどについて教科書の例に沿って表現しようとするが時々、間違いがある。 2 （言語表現力）書いたものを読み上げる時、会話するときに、言い淀みがでる（単語を思い出せない、発音でつまる等）。 3 （非言語表現：ジェスチャー）使わない。または使っても場に合っていない。

　ルーブリックの作成には慣れが必要ですが、「学習指導要領」と生徒の実態をつなげて行動目標にすると、評価もしやすくなることが分かると思います。

3.2 性の多様性の視点の育成

（1）学校教育や社会における LGBTQ の認識

インクルーシブ教育は、その名の通り「誰もが包摂される教育」という意味であり、すべての子どもたちが教育を受ける権利を保障する必要があります。しかし、この子どもたちの中には、現在の教育システムでは想定されていない「マイノリティ」の子どもたちもいます。日本ではダイバーシティの文脈において、日本以外にルーツを持つ人や、障害のある人について触れられてきましたが、近年では LGBTQ といった多様な性についても注目されるようになってきました。

LGBTQ とは、性的マイノリティを総称する用語の一つで、他にも LGBT や LGBTs、LGBTQ+ といった用語も用いられます。性のあり方は多様であり、図1のように説明することができます。

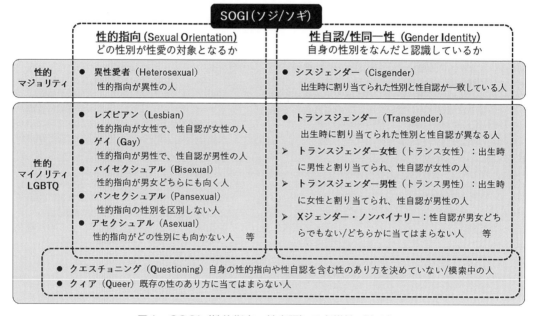

図1　SOGI（性的指向・性自認）の多様性（注1）

LGBTQ の頭文字について、L はレズビアン、G はゲイ、B はバイセクシュアル、T はトランスジェンダー、Q はクエスチョニングやクィアを指しますが、これ以外にもパンセクシュアルやアセクシュアル、X ジェンダー（英語圏ではノンバイナリー）など、文字通り多様な性のあり方の人がいます（図1参照）。2000年代にテレビドラマを通じて広まった「性同一性障害」という用語の方がなじみがあるという人もいますが、この用語はトランスジェンダーの中でも社会生活上の性別を移行する上で本人が必要だと感じる身体治療を受ける際に、医師によって下される診断名のことを指し、今後は「性別不合」という用語が使用される予定です。

これに対し、図1の上部にある「性的マジョリティ」は性のあり方が多数派の人を指し、

異性愛者やシスジェンダーのような性のあり方がこれに該当します。近年では、性のあり方がマイノリティかマジョリティかにかかわらず、すべての人の性のあり方を説明する概念として、図1の破線にあるようなSOGI（ソジ／ソギ：性的指向 Sexual Orientation・性自認 Gender Identity の頭文字をとった言葉）やSOGIE（ソジー／ソジイー：SOGI に加え、性別表現 Gender Expression の頭文字をとった言葉）という用語も使われています。性のあり方は誰かに強制されたり、決めつけられるものではなく、自分で決めることができる大切な権利の一つであり、誰もが持っているものです。

　また、図1から分かるように、LGBTQ とは「男でも女でもない性」を指すのではなく、異性愛やシスジェンダーではない性のあり方の人たちのことを指します。例えば、性自認が男性のシスジェンダー男性で性的指向が男性（同性）の人は、シスジェンダーという点においては性的マジョリティですが、性的指向はマイノリティに属しています。同様に、性自認が女性のトランスジェンダー女性で、性的指向が男性（異性）の人は、異性愛者という点においてはマジョリティですが、トランスジェンダーという点ではマイノリティになります。このように、LGBTQ という枠の中でも SOGI は多様です。本章では、LGBTQ という用語をより詳細に示すために、異性愛以外の性のあり方の人たちを便宜上「非異性愛者」、シスジェンダー以外の性のあり方の人たちを「性別に違和感のある人たち」と総称し、説明をしていきます。

　国内で行われた複数の調査によると、およそ３％〜８％が LGBTQ であることが示されており、これは日本の障害者の割合である7.6％と同程度いることが考えられます。しかし、これまで性的マイノリティの児童生徒は学校にはいない、あるいはいても嘲笑や生徒指導の対象（注２）となっていた歴史がありました。これは教育だけでなく、社会においても同様であり、LGBTQ に対しては根強い偏見や差別があるのが現状です。しかし、2010年代頃から LGBTQ を取り巻く社会環境は急速な変化を見せてきており、たとえば同性パートナーシップ制度が自治体レベルで整備されたり、「労働施策総合推進法（パワハラ防止法）」でも SOGI に関する記述が盛り込まれる等、社会の中で LGBTQ の存在を包摂できるような制度の整備が進んでいます。LGBTQ に関する知識や受容度が高まりつつありますが、依然として地方圏に住む人や年配の人、男性の方が、差別や偏見が根強い傾向があることも国内の複数の調査で示されています。

　こうした実態に加え、LGBTQ 当事者の自殺念慮や自殺未遂の経験率が高いことから、LGBTQ のメンタルヘルスは喫緊の課題にもなっています。LGBTQ 当事者の多くが、小学校入学以前から思春期までに自身の性のあり方に気づくと言われていますが、10代 LGBTQ の約半数が過去１年で心身不調や精神疾患を経験したという調査結果もあり、非常に高水準であることが分かります。特に自殺念慮の発生時期の第１次ピークは思春期、第２次ピークは大学時代や社会人になった時期であると指摘されていることから、学校教育機関における支援や対応は極めて重要です。

　文部科学省は、これまで全国の国公私立の小学校・中学校・高等学校等に対し調査を行い、性別に違和感のある児童生徒からの相談や対応実態が606件あったことを2014年に報

告しています。2015年には「性同一性障害に係る児童生徒に対するきめ細やかな対応について」という通知を出し、全国の小学・中学・高校に向けてLGBTQ児童生徒に対する調査や配慮を求めたり、いじめ防止対策をするよう求めました。2016年には「性同一性障害や性的指向・性自認に係る、児童生徒に対するきめ細かな対応等の実施について（教職員向け）」という冊子（図2）が出されており、特に性別に違和感のある児童生徒に対する配慮や対応に関する情報が掲載されています。しかし、残念ながらこの通知を読んだことがある教員は全体の2割に満たず、性的指向は「選べる」と誤解している教員が半数、LGBTQについて学んだことがある割合は1割程度という実態があります（日高，2021）。自殺総合対策大綱（厚生労働省，2022）や「性的指向及びジェンダーアイデンティティの多様性に関する国民の理解の増進に関する法律（LGBT理解増進法）」（衆議院，2023）でも、教職員の理解促進や啓発、教育環境の整備や相談機会の確保が求められています。日高（2021）の調査結果によると、LGBTQに関して学んだ教員の方が、学んでいない教員よりもLGBTQの児童生徒がいたと回答する割合が高く、実際に関わった経験や授業で取り入れた経験があることからも、LGBTQについて教員が学ぶ必要があるといえます。

図2　「性同一性障害や性的指向・性自認に係る、児童生徒に対するきめ細かな対応等の実施について（教職員向け）」（文部科学省，2016）

（2）LGBTQがいない前提の教育システムの課題

　学校には、教師にカミングアウトするかどうかにかかわらず、いわゆる性別規範（その性別に期待される典型的なイメージ）に当てはまらない児童生徒がいます。例えば、出生

時の性別に典型的とされる服装やふるまいをしない子どもや、好きな子に同性の子の名前を挙げる子ども、はっきりと性別に違和感があることを表明する子ども、「おかま」「ホモ」と差別的な表現をぶつけられる子ども等、さまざまです。少しでも性別規範に当てはまらない子どもたちを大人が目にしたとき、「もしかしてこの子は LGBTQ ではないだろうか」と疑問に思い、どのように対応したらいいかと悩む人も少なくありません。しかし、こうした子どもたちが LGBTQ であるかどうかは、本人からカミングアウトされなければ知ることができません。また、このように気づくことができる範囲はあくまで氷山の一角であり、図 3 のように人知れず悩む LGBTQ やそうかもしれない子どもたちがたくさんいることに留意しておく必要があります。

図 3　学校における LGBTQ やそうかもしれない児童生徒対応の現状

いのちリスペクト・ホワイトリボンキャンペーン（2014）の調査結果によれば、LGBTQ 当事者が小学校から高校の間に周囲にカミングアウトをした人は約 5 ～ 6 割程度であり、そのうちカミングアウトをしている相手は同級生が 7 割、親や教師は 1 ～ 2 割程度でした。また、LGBTQ の中で最も教師にカミングアウトする割合が高いのは、非異性愛の子どもよりも、性別に違和感のある子どもでした。その背景には、学校側が意識的・無意識的に男女二つの性別に分け、その差異を強調する（男女二元制）だけでなく、出生時の性別に基づく規範的な表現への同調を求める（シスジェンダー中心主義）場面が多く、自分のありたい姿と性別規範が一致しないことで葛藤することが理由にあげられています。氏原（2009）は、現在の教育現場は、伝統的に男女特性を伸ばすことが優勢であることから、名簿、列、呼称、制服などの持ち物、児童や生徒の学校での役割、学校組織、教科書・教材、教授や学習活動を通して、男女に期待される役割を意識的・無意識的に伝える「隠れたカリキュラム」があることを指摘しています。こうした場面で出生時の性別とは異なる待遇を求め配慮を受けるには、子どもたちは必ず大人から「許可を得る」ためにカミングアウトを求められます。LGBTQ に対し理解のない大人に伝えることに加え、LGBTQ を含む多様な性について学ぶ機会がない子どもが自分の性のあり方を説明し理解を得るのは、ハードルが高いことが想像できます。

また、非異性愛の子どもたちにとって主なハードルとなるのは、友人同士で話題になる恋愛や性愛の話だと言われています。普段の会話の中で、同性愛者を笑いものにしたり、好きな人や恋人がいない人、結婚をしていない人を非難したりからかう風潮があることから、友人関係を円滑に進めるためにあえて「異性愛者」のふりをしてやり過ごす子どもも少なくありません。特に教育においても、教科書に「思春期になると異性に関心が芽生える」と記述があることで「自分はおかしいんだ」と悩む非異性愛の子どもたちがいます（注3）。このような異性愛中心主義の風潮は学校内だけでなく、社会にも蔓延していることから、非異性愛の子どもたちは将来どのように生きていけばいいのかロールモデルを見つけることができず、人知れず孤独感を抱えている可能性もあります。しかし、恋愛・性愛に関する話題は「私的なもの」として、特に大人に相談するにはハードルが高く、性別に違和感のある子どもたちよりも存在が見えにくい現状があります。

　以上のことから、学校における男女二元制や、シスジェンダー・異性愛中心主義に基づく教育システムや風土（学校や学級を支配する雰囲気）から、LGBTQを含む性別規範に当てはまらない子どもたちがいかに排除されているかがうかがえます。これを改善するには、カミングアウトをされてから大人が許容できる範囲内でのみ個別対応をするような現状を維持するのではなく、どんな子どもも包摂するために、できるだけ普段からLGBTQであることで葛藤する場面を減らす居心地のいい空間をつくることが重要です。そのような環境をつくるためには、児童生徒だけでなく、教職員や保護者など、学校に携わるすべての人の意識を変えていく必要があり、そのような環境があることで子どもたちは安心して相談することができます。相談の中で配慮が必要になった場合は、本人の意向や周囲の友人との状況に応じた個別的かつ柔軟な対応をすることが求められます。

（3）LGBTQの子どもを包括する教育の取り組み

　では、具体的に教育ではどのようなことができるでしょうか。ここでは、LGBTQに関する取り組みについて、複数の資料で取り上げられている内容を基に、海外と日本の事例について紹介します。

①海外での先駆的な取り組み

　先進的な事例として取り上げられている国にはアメリカ、オランダ、スコットランド、カナダなど欧米圏が多く、どの国でも同性婚が認められているのが特徴的です。同性カップルの両親に養育される子どもが一定数いることがより学校現場でも可視化されるようになり、学校でさらなる理解と対応が必要になったことも影響していると考えられています。また、バックグラウンドにはLGBTQや女性といった性別の課題だけでなく、人種や宗教、先住民や移民、障害などに対する偏見や差別の歴史を反省し、多様性を包摂するための取り組みがなされている国が多いのも特徴です。実際に、LGBTQに対する誹謗中傷や身体的・性的暴力、脅迫やクラスでの孤立化などのような苛烈ないじめの実態があり、これにより欠席率の増加や中途退学、成績不良に繋がっていることも調査結果で明らかに

されています。また、希死念慮や自殺企図の割合も高く、残念なことに、教職員の理解や対応も十分とは言えない現状も示されています。こうしたデータの多くは当事者団体による地道な運動や調査によって明らかにされており、LGBTQ児童生徒を包摂する教育カリキュラムの開発・策定や実施にあたっては、当事者団体と連携をしている事例が多いのも特徴です。

　海外での実践は、国や州レベルで規定がある国も多く、当事者団体の協力により実践や活用できるリソースも日本よりも充実しているといえます。具体的な取組内容をまとめると、表1のようになります。

表1　海外での学校におけるLGBTQに関する取組み例

実施主体	実施内容例
トップ・管理職・学校全体	● 多様性・公平性・インクルージョンに関する声明を出す ● 学校でLGBTQの困難や満足度に関する実態調査を行う ● LGBTQの運動の歴史に関連する記念日などにイベントを実施 ● LGBTQの理解者・支援者がいることを示すレインボーフラッグを、校内や教室に掲示する ● 居場所（ピア・サポートグループ）の設置（運営主体は学生） ● 教員への研修の実施や、サポート体制の充実化　　　など
教師	● 授業の中で自身の科目に関連したLGBTQに関する内容を扱う ● 授業内容が異性愛やシスジェンダー、男女二元制が前提となっている場合は、内容の補足をする ● 相談された場合、学校として対応する ● LGBTQに関する悪口やいじめ・嫌がらせを発見したら即座に介入し、被害を受けた児童生徒にサポートを尋ねる　　　など

　まずはトップや管理職が中心となり多様性・公平性・インクルージョンに関する声明を出したり、学校で実態調査やLGBTQに対する意識調査を行うことが求められます。他にも、LGBTQの運動の歴史に関連する記念日などにイベントを実施し学校全体の理解や関心を高めたり、LGBTQの理解者・支援者がいることを示すレインボーフラッグを校内や教室に掲示する等、学内がLGBTQに対して受容的な場をつくるための取組みも行われています。実際に、LGBTQとその理解者のためのピア・サポートグループがある学校では、グループメンバーが学内外で交流したり、課題解決のためのアクションを起こすなど、さまざまな社会活動が行われています。こうした居場所があることはLGBTQの子どもが安心感を得られるだけでなく、自身の性のあり方を受容される居場所への所属感が精神面にポジティブな効果を与えることが明らかにされています。

　次に、教員は授業の中で自身の科目に関連したLGBTQに関する内容を扱い、異性愛やシスジェンダー、男女二元制が前提となっている場合は内容を補足することが求められています。また、相談された場合、学校として対応するだけでなく、普段の学校生活の中でLGBTQに関する悪口やいじめ・嫌がらせを発見したら即座に介入し、被害を受けた生徒にサポートを尋ねる等、安全な環境をつくることも求められます。これらが適正に行われるためにも、教員への研修の実施や、サポートの必要性が指摘されています。

　このような学校全体や教師たちの取り組みにより、学校に関わる全員がLGBTQに関

する正しい知識や態度を身につけることができ、学校と子どもの間に信頼関係ができるだけでなく、LGBTQ に対する否定的な扱いが減少し、LGBTQ の子どもたちが安心できる環境に繋がることが指摘されています。インクルーシブな学校環境は、教科指導だけでなく、学校に関係するすべての人が作り出す受容的な空間や、それを支える制度や支援体制のどちらも肝要であることがうかがえます。

②日本での取り組み

　日本では、先に述べた文部科学省の通知や社会的情勢の変化により、相談があれば性別に違和感のある児童生徒の対応を原則として行う必要があります。性別に違和感のある子どもの中には、小学校入学以前から違和感を訴えることから、どの校種でも対応が必要です。特に、保護者の知識や受容度が高い場合、子どもからカミングアウトを受けた保護者が配慮依頼の相談に来るケースも少なくありません。文部科学省が発行した「性同一性障害に係る児童生徒に対するきめ細かな対応の実施等について」の中では、合理的配慮には医師の診断書は必須ではないことや、学校内外で組織的に対応するためのサポートチームを立ち上げつつ、アウティング（SOGI に関する情報を本人の許可なく暴露する行為）をしないよう配慮することが記載されています。しかし、LGBTQ 当事者の若者を対象とした調査では約 9 割の子どもが教員や保護者に相談できないと感じていることから、実際に配慮を受けたり相談できるのは、ごくわずかであると推察されます。

　授業については、「学習指導要領」に LGBTQ に関することは記載されていないものの、一部の教科書会社が作成する教科書で LGBTQ について取り扱ったり、LGBTQ に理解や関心のある教員個人の努力により、少しずつ LGBTQ について学ぶ機会が増えつつあります。実際に、授業の中で LGBTQ について学ぶ機会があったと回答する子どもは約 4 割程度いることが明らかにされました（認定 NPO 法人 ReBit, 2022）。授業でLGBTQ や多様な性について触れることは、社会にある偏見・差別を正しい知識を持って修正し、学校内の LGBTQ に対する態度を改善するためにも重要です。

　授業の方法として、特別活動における人権教育や総合的な学習の時間に LGBTQ 当事者や専門家をゲストスピーカーとして学校に招くケースもあれば、普段の授業の中で教科書や副読本を用いて LGBTQ について取り扱う方法もあります。小学校から高校までの性の多様性に関する記載と特徴を分析した松尾（2023）によると、小学校から高校のどの校種でも一部取扱いのある教科書もあり、科目は「保健」「道徳」「家庭」「公民」「公共」「政治・経済」があげられていました。小・中学校では本文に記載がなく取り上げている教科書数も少ない一方、高校になると様々な科目で学ぶ機会があることから、小・中学校でも正しい情報にアクセスできるよう改善が求められます。また、内容についても、LGBTQ の用語説明や社会的現状の解説のみで、シスジェンダーや異性愛者が自身について学ぶ機会はほとんどないことが指摘されています。LGBTQ であるかないかに関わらず、すべての子どもが LGBTQ だけでなく SOGI のような性のあり方について学び、自己や他者の性のあり方を尊重できるようになることが重要です。実際に、LGBTQ が

注目されるまでは包括的性教育の文脈で、自分の心と身体と向き合い、他者との関係を豊かにするための学習項目の一つとして SOGI や LGBTQ が取り扱われてきました。しかし、現在の授業体制だと学習機会が圧倒的に少なく、取り扱った授業以外では相変わらず男女二元制のシスジェンダー・異性愛中心の日々がある場合、LGBTQ の子どもたちの悩みを根本的に解決するのは難しいでしょう。今後、国内でもカリキュラムの開発・改善や、継続的に学ぶ機会を、教科によらず保障していく必要があります。

最後に、授業以外で教師が個人単位でできる実践もたくさんあります（表2参照）。例えば、普段の何気ない発言の中でLGBTQ に関する話題についてポジティブな発言とともに取り上げたり、性別に関するからかいや誹謗中傷に対し積極的に介入する、学級通信や掲示物で多様な性や LGBTQ を取り扱う、学級文庫や図書館で LGBTQ や多様な性に関する図書を配架する等が考えられます。

一人でも多くの大人がLGBTQ に関するポジティブな発言ができるようになるためには、教員だけでなく保護者や地域住民向けの研修・啓発も必要です。また、慣習的に男女分けされている中で不要なものを見直したり（例：制服・服装、髪形、名簿、座席、班分け等）、選択肢を増やす（例：性別に関わらず選べるようにする、個室を用意する、代替案を用意する等）といった取り組みをしている学校もあります。

表2　国内での学校における LGBTQ に関する取組み例

実施主体	実施内容例
学校全体	● 教員だけでなく保護者・地域住民向けの研修・啓発を行う ● 慣習的に男女分けされている中で不要なものを見直す（例：制服・服装、髪形、名簿、座席、班分け等）、選択肢を増やす（例：性別に関わらず選べるようにする、個室を用意する、代替案を用意する等） ● 相談を受けたらサポートチームを立ち上げ、アウティングに留意しながら個別の状況に応じて対応する　など
教師	● 授業で LGBTQ や SOGI に関する話題や教材を扱う ● 普段の何気ない発言の中で LGBTQ に関する話題についてポジティブな発言とともに取り上げる ● SOGI に関するからかいや誹謗中傷に対し積極的に介入する ● 学級通信や掲示物で多様な性や LGBTQ を取り扱う ● 学級文庫や図書館で LGBTQ や多様な性に関する図書を配架する　など

学校単位で進めるのが難しくとも、まずは個人として取り組んでいくことは、二つの意味で意義があります。一つ目は、SOGI のことで悩みを抱えている子どもに理解のある大人がいることを可視化できることです。偏見や差別にあふれる社会の中で、「なにかあったらあの先生に相談しよう」と思える存在がいることは、SOGI のことで悩んでいる子どもにとって大きな心の支えとなります。二つ目は、多くの性的マジョリティの子どもたちに対し、LGBTQ に対しどのような態度でいるべきかロールモデルとなる点です。性別規範に当てはまらない人たちをからかったり無視する以外のモデルが不足していることから、このような大人がいることを知れば、学校だけでなく大人になり社会を変える存在になりうるでしょう。教師に直接相談できなくても、LGBTQ に対して肯定的な児童生徒

が身近にいることは、悩みのある子どもにとっても救いになると考えられます。

（4）終わりに　LGBTQを含むすべての子どもたちが包摂される教育とは

　　LGBTQを含む多様な性のあり方が包括される教育とは、性別規範に当てはまらない子どもたちがいじめを受けることなく、自分たちのSOGIが尊重される空間だと考えます。そうした場を実現するためには、多様な選択肢を「特別扱い」ではなく全員に用意しておくこと、カミングアウトをしてもしなくても、その子どもの性のあり方が大事にされることが重要です。LGBTQへの配慮として生まれた選択肢により、LGBTQのアイデンティティを持たない子どもたちも恩恵を受けたケースも複数あります。例えば、触覚過敏の特性があるために制服が苦手な子どもがジャージ通学を希望することもあれば、防犯・防寒のためにスラックスを着用する女性もいるでしょう。個室の更衣室があることで、身体に大きな傷があり見られたくない子どもや、怪我のため広い着替えスペースが必要な子どもが安心して利用できます。障害を持つ人のために作られた多機能トイレスペースを活用し、性別に関わらず使えるトイレとして「誰でもトイレ」になったケースもあります。マイノリティのために作り出した選択肢は、属性に関わらず誰かにとって必要な選択肢となるはずです。

　　依然として男女二元制でシスジェンダー・異性愛が当たり前の空間の学校や社会がありますが、学校という限られた空間では、そうした社会から離れ、規範的な性のあり方に当てはまらないことで悩む子どもたちが、自分の性のあり方を肯定される空間である必要があります。こうした肯定的な場があることは、学業面でも精神面でも有効であることが海外の研究結果でも明らかにされています。すべての子どもたちが環境によって学びの場のアクセスを制限されないような空間づくりのために、教師が子どもたちのお手本となり、声を聴き、積極的に改善していけば、「誰もが」過ごしやすい学校に近づいていくでしょう。

「高校で性自認に沿った制服を着て、男子として通ったAさんのお話」

　私はトランスジェンダー男性で、中学生の時に自分の性別に違和感を覚え始めて、高校に入学する直前に両親にカミングアウトしました。これから自分らしく生きていくためには両親に伝えないと何もできないという思いと、もし受け入れられなかったらどうしようという不安が入り混じる中、まずは手紙で母に伝えました。最初は信じられないというような反応でしたが、トランスジェンダーに関する本を読んで少しずつ理解を深めてくれて、ジェンダークリニックを探して頼れる場所に繋いでくれました。父は「どんな道でも応援する」と言って、男性として生きること・治療を始めることも含め、私の選択を今日まで見守ってくれています。

　高校は女子生徒がブレザーで男子生徒が学ランだったので、最初は女子生徒としてスカートを履いて通っていましたが、1年生の秋ごろに制服や女子生徒としての扱いに耐え切れず、学校を休みがちになりました。原因がはっきりわかっていたので、両親と相談して制服の無い学校に転校することも検討しましたが、親が学校に事情を伝えると、スカートをスラックスに変更することを提案してくれました。しかし、制服を変えるには周囲に事情を伝える必要があったため、ならば学ランが着たいと伝えると、「前例がない」と反対意見もあるなか、校長先生の後押しがあり2年生の始業式から学ランを着て通えることになりました。1年生の終わりには、自分のクラスは自分の口から、他のクラスには自分が書いた手紙を代読してもらう形で「性同一性障害であること、制服と名前を変えて通うこと、女子も男子も変わらず友達になってほしいこと」を伝えました。また、もともと生まれたときにつけられた名前が典型的な女性名だったので、両親に改めて男性として生きるための名前をつけてもらい、同じタイミングで名前も変えました。

　2年生になるとクラス替えがあり、最初はやはり、途中から自分が男子として学校に通うことで周囲の人は戸惑うのではないかと思い、「誰にも話しかけられなくなってしまったらどうしよう」という不安や、「自分がどう見られているか」という緊張感が常にありました。そんな不安とは裏腹に、初日から多くの男子のクラスメイトが話しかけてくれ、自然に新しい名前で呼んで、男子として接してくれました。先生も制服を変えたときに明るく声をかけてくれたり、学籍上は女子でも生徒に配布する名簿は男子に割り振ってくれたりと、細かな配慮をしてもらいました。トイレと更衣室は、車いす用のトイレを専用で使わせてもらっていましたが、周りの視線を気にしなくていい一方で、男子更衣室から楽しそうに話す声が聞こえてくると悔しい気持ちになったこともあります。学校は男子と女子をはっきりと二分する場面が多いことから、自分はどちらにも所属できない中途半端な存在になってしまったと落ち込んだこともありました。

しかし、そんな中、一人部屋だった修学旅行では、クラスメイトが先生に「自分たちの大部屋で寝ちゃだめなのか」と部屋の変更を頼んでくれたこともありました。体格差の観点から、男子生徒になってからも女子の方で受けていた体育の授業では、ときどき男女合同のときがあって、ペアを組む時に男友達が「俺と一緒にやるぞ！」と言って、男子の方へ連れて行ってくれました。自分が男子生徒として周りに受け止められているのか不安だった私は、とても嬉しかったのを覚えています。

　高校3年生のときに、ホルモン治療を始めました。一番大きな変化は、声が低くなっていく声変わりだったと思います。特に触れられることはなかったですが、「治療を始めたの？」と聞かれて事情を話すと「カミングアウトしてくれたときに調べたから知っているよ」と言ってくれた子もいました。

　高校3年間は、先生方、周りの友達にも恵まれ、どうやって生きていけばいいのか自分の生き方をイメージできるようになった時間でした。高校生活を支えてくれた友人とは10年来の付き合いになり、今もときどき食事に行っては他愛のない話をする仲です。この経験をともにした友人は私にとってはかけがえのない存在です。

註釈

注1）性自認は「Gender Identity」の日本語訳であり、性同一性と同様の意味です。性自認は、性別に関するアイデンティティであり、性別に関する一定の連続性・一貫性・持続性を伴う自己認識のことを指します。

注2）文部科学省が1979年に発行した『生徒の問題行動に関する基礎資料』には、同性愛が「倒錯型性非行」の一種として分類され、健全な異性愛の発達を阻害するおそれや社会的道徳に反し、性の秩序を乱す行為として是認されるものではないと記されていました。

注3）恋愛話では、非異性愛の子どもたちだけでなく、性別に違和感のある子どもにとっても悩みとなります。それは恋愛対象の性別を、どのように同性/異性と決めていいのか分からないからです。本来は性自認を軸に判断しますが、学ぶ機会がないために、出生時の性別や身体の性別で性的指向を判断すると、異性愛を同性愛と認識する人もいます（例：性別に違和感がある女子生徒の恋愛対象が女性の場合、女性同性愛と誤解されますが、本人の性自認が男性の場合は、異性愛となります）。

参考文献

中央教育審議会初等中等教育分科会教育課程部会（2019）「児童生徒の学習評価の在り方について（報告）」，https://www.mext.go.jp/component/b_menu/shingi/toushin/__icsFiles/afieldfile/2019/04/17/1415602_1_1_1.pdf（2023年11月3日閲覧）

National Association of School Psychologists（2019）「Prejudice, Discrimination, and Racism」https://www.nasponline.org/x53611.xml（2024年2月1日閲覧）

厚生労働省（2014）『障害者の権利に関する条約』，https://www.mofa.go.jp/mofaj/fp/hr_ha/page22_000899.html（2024年2月1日閲覧）

文部科学省（2006）『教育基本法（条文）』，https://www.mext.go.jp/b_menu/kihon/about/mext_00003.html（2024年2月1日閲覧）

文部科学省（2006）『学校教育法等の一部を改正する法律』https://warp.ndl.go.jp/info:ndljp/pid/11402417/www.mext.go.jp/b_menu/houan/kakutei/06040515/06061610/002.htm（2024年2月1日閲覧）

厚生労働省（2006）「障害者自立支援法」https://www.mhlw.go.jp/topics/2005/02/tp0214-1c.html（2024年2月1日閲覧）

厚生労働省（2013）『障害者の日常生活及び社会生活を総合的に支援するための法律』https://www.mhlw.go.jp/web/t_doc?dataId=83aa7574&dataType=0&pageNo=1（2024年2月1日閲覧）

内閣府（2011）『障害者基本法の一部を改正する法律』https://www8.cao.go.jp/shougai/suishin/kihonhou/houritsuan.html（2024年2月1日閲覧）

中央教育審議会初等中等教育分科会教育分科会（2012）『共生社会の形成に向けたインクルーシブ教育システムの構築のための特別支援教育の推進（報告）https://www.mext.go.jp/b_menu/shingi/chukyo/chukyo3/044/attach/1321669.htm（2024年2月1日閲覧）

内閣府（2016）『障害を理由とする差別の解消の推進に関する法律』https://www8.cao.go.jp/shougai/suishin/law_h25-65.html（2024年2月1日閲覧）

文部科学省（2017）小学校学習指導要領（平成29年告示）

文部科学省（2017）中学校学習指導要領（平成29年告示）

文部科学省（2017）特別支援学校幼稚部教育要領・小学部・中学部学習指導要領（平成29年告示）

文部科学省（2018）高等学校学習指導要領（平成30年告示）

文部科学省（2021）障害のある子供の教育支援の手引〜子供たち一人一人の教育的ニーズを踏まえた学びの充実に向けて〜

藤田真理子（2022）インクルーシブ教育を組織として効果的に実践している学校におけるプロセスの分析，早稲田大学教育学会紀要，24, 101-108.

石原英樹（2017）性的マイノリティをめぐる地域環境—"世界価値観調査"による地域差分析と地域サポート組織の取り組み　明治学院大学社会学・社会福祉学研究，147, 1-20.

いのちリスペクト。ホワイトリボン・キャンペーン（2014）「LGBTの学校生活に関する実態調査（2013）結果報告書」，https://t1.daumcdn.net/cfile/tistory/260C904153733B2802?download（2023年11月3日閲覧）

氏原陽子（2009）隠れたカリキュラム概念の再考—ジェンダー研究の視点から　カリキュラム研究，18, 17-30.

葛西真紀子（2019）LGBTQ+の児童・生徒・学生への支援　誠信書房

釜野さおり・石田仁・岩本健良・小山泰代・千年よしみ・平森大規・藤井ひろみ・布施香奈・山内昌和・吉仲崇（2019）「大阪市民の働き方と暮らしの多様性と共生にかんするアンケート報告書（単純集計結果）」『JSPS科研費16H03709「性的指向と性自認の人口学—日本における研究基盤の構築」・「働き方と暮らしの多様性と共生」研究チーム（代表 釜野さおり）編　国立社会保障・人口問題研究所 内』，https://osaka-chosa.jp/report.html（2022年6月10日閲覧）

釜野さおり・石田仁・風間孝・平森大規・吉仲崇・河口和也（2020）「性的マイノリティについての意識：2019年（第2回）全国調査報告会配布資料」『JSPS科研費（18H03652）「セクシュアル・マイノリティをめぐる意識の変容と施策に関する研究」（研究代表者 広島修道大学河口和也）調査班編』，http://alpha.shudo-u.ac.

jp/~kawaguch/2019chousa.pdf（2022年 8 月12日閲覧）

厚生労働省（2018）「労働者の皆さまへ　ハラスメント防止のためのハンドブック（平成30年 9 月作成）」，https://www.mhlw.go.jp/content/11900000/000474782.pdf（2022年 6 月27日閲覧）

厚生労働省（2022）「自殺総合対策大綱」，https://www.mhlw.go.jp/content/001000844.pdf（2023年 6 月19日閲覧）

埼玉県県民生活部人権推進課（2021）「埼玉県 多様性を尊重する共生社会づくりに関する調査報告書」，https://www.pref.saitama.lg.jp/documents/183194/lgbtqchousahoukokusho.pdf（2023年 6 月19日閲覧）

衆議院（2023）「性的指向及びジェンダーアイデンティティの多様性に関する国民の理解の増進に関する法律」https://www8.cao.go.jp/rikaizoshin/law/pdf/jobun.pdf（2023年11月 3 日閲覧）

周司あきら・高井ゆとり（2023）トランスジェンダー入門　集英社新書

土肥いつき（2015）トランスジェンダー生徒の学校経験：学校の中の性別分化とジェンダー葛藤，教育社会学研究，97, 47-66.

戸口太功耶・葛西真記子（2016）性の多様性に関する教育実践の国際比較，鳴門教育大学学校教育研究紀要，30, 65-74.

認定 NPO 法人 ReBit（2022）「LGBTQ 子ども・若者調査2022」，https://prtimes.jp/main/html/rd/p/000000031.000047512.html（2023年 6 月19日閲覧）

認定 NPO 法人 ReBit（2023）「学校における性的指向・性自認に係る取り組み及び対応状況調査（2022年度）」，https://prtimes.jp/main/html/rd/p/000000046.000047512.html（2023年 6 月26日閲覧）

橋本紀子・池谷壽夫・田代美江子（2018）教科書にみる世界の性教育　かもがわ出版

日高康晴（2021）「子供の"人生を変える"先生の言葉があります 2021」，https://www.health-issue.jp/teachers_survey_2019.pdf（2023年 6 月19日閲覧）

Hidaka, Y., & Operario, D.（2006）Attempted suicide, psychological health and exposure to harassment among Japanese homosexual, bisexual or other men questioning their sexual orientation recruited via the Internet, *Journal of Epidemiology and Community Health*, 60, 962-967.

松尾由希子（2023）小学校・中学校・高等学校の教科書にみる性の多様性に関わる記載の特徴と課題：2018年度～2021年度検定教科書の分析より，静岡大学教育研究，19, 1-18.

文部科学省（2014）「学校における性同一性障害に係る対応に関する状況調査について（平成26年 6 月）」，https://www.mext.go.jp/component/a_menu/education/micro_detail/__icsFiles/afieldfile/2016/06/02/1322368_01.pdf（2023年 6 月19日閲覧）

文部科学省（2015）「性同一性障害に係る児童生徒に対するきめ細やかな対応の実施等について（通知）」，https://www.mext.go.jp/b_menu/houdou/27/04/1357468.htm（2023年 6 月19日閲覧）

文部科学省（2016）「性同一性障害や性的指向・性自認に係る、児童生徒に対するきめ細かな対応等の実施について（教職員向け）」，https://www.mext.go.jp/b_menu/houdou/28/04/__icsFiles/afieldfile/2016/04/01/1369211_01.pdf（2023年 6 月19日閲覧）

第2章

学びの多様性を理解する

脳のメカニズムの理解

1.1 脳の機能の基礎知識

　本章では、学びに関係する脳の機能について、情報の入力、処理、出力に分けて説明します。

　図2-1は、脳の機能を簡略化したものです。脳には、低次の脳（動物脳）と高次の脳があります。低次の脳は情動、自律神経系をつかさどり、「生きるため」に必要な機能のため高次の脳（目的を持つ、考える、言語活動を行う、視野を広げる）を活性化するためには、低次の脳（感情・情動、自律神経系、行動化）を安定させます。そのため、第3章で紹介する授業実践では、まず学級の環境を安定させ、教員との信頼関係を築くことから始めています。高次の脳を活性化させるには、情動を落ち着かせるために感情を育てたり、調整力をつける、次に自律神経の働きを調節するためにストレスマネージメントを行い、授業でのコミュニケーションが行えるように、ソーシャルスキルを学びます。その上で、言語力が働くようになったら考える力が活用できます。

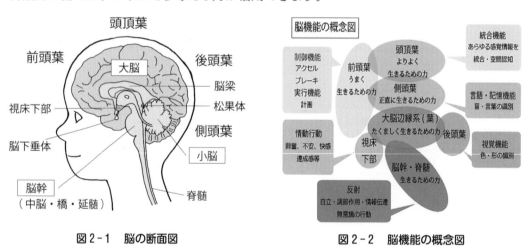

図2-1　脳の断面図　　　　　　図2-2　脳機能の概念図

1.2 知識を定着するための脳のしくみ（入力・記憶）

　知識の形成はまず情報を外部から取り入れることから始まります（図2-1）。情報は主に、目で見る、耳で聞く、触覚から取り入れますが、体系づけて蓄積するには意味記憶に変換して言葉として説明できる形にする必要があります。入力した知識を蓄積するのが記憶の働きです。聞いたまま、見たままの情報は、短期記憶で、数十秒一次的に保持した後必要と判断されたものだけ、長期記憶に移されそれ以外は消去されます。これが「暗記の

ルート」です。記憶のループは「入れて出す」ことで完成されるため、長期記憶域から「再生のルート」で繰り返して再生されることで定着します。基礎知識の場合は、このルートが推奨されますが、記憶の仕方は工夫する必要があります。バラバラに単語や公式だけを記憶すると、長期記憶の中で体系づけられていないため、検索に時間がかかったり、組み合わせて活用することが難しくなるためです。「理解のルート」に乗せるためには、ワーキングメモリー上で情報を整理して関連付けて置く作業が必要になります。例えば、音と意味、形と意味、形の組み合わせ、意味の体系づけ、公式の体系化などです。MI が効果的なのは、この段階で得意な脳の力を活性化させられるので、多面的、多角的な入力が可能になるためです。

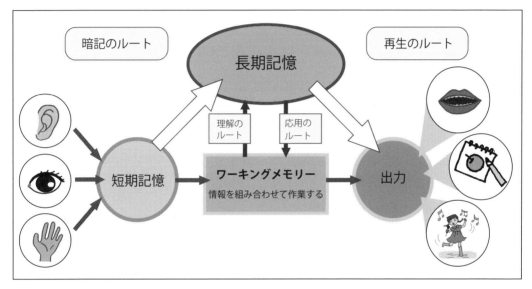

図2-3　学習活動のルート

　また、図2-4の3「応用のルート」を活性化させるためにも、知識は体系づけておく必要があります。体系づけられた知識にはネットワークができており、様々なヒントから検索しやすくなり、必要な情報を素早く引き出すことができるためです。

　一方情報処理は、記憶した知識を使わなくても行うことができます。試行錯誤の場合は、知識はないけれどいろいろ試して公式化していく方法です。「ひらめき」で処理できているわけです。同じ方法が適用できない場合は、まだ情報処理の0段階です。また、断片的に記憶されていて、2の「記憶している知識だけで処理」する場合は、どの公式をつかうか検索に時間がかかります。脳にストレスがかかり疲労しやすくなります。

　この働きの補助をするのが「ワードウオール」です。単語を集めて分類したり、問題の解き方と合わせたりして、記憶から検索する代用として働きます。

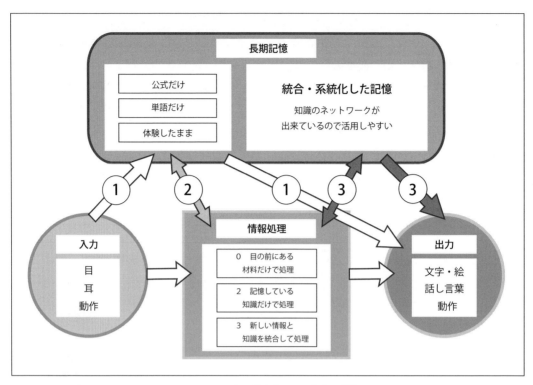

図2-4　入力、情報処理、出力の詳細

①公式（ワードウォール）と問題（条件とゴール）を対応させて、解き方を整理

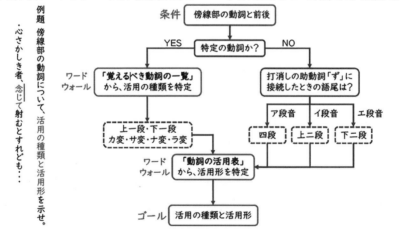

例題　傍線部の動詞について、活用の種類と活用形を示せ。

・心さかしき者、念じて射むとすれども…

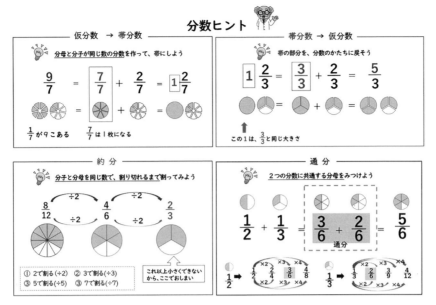

図 2-5　ワードウオールの例

　図 2-6 は、エドガーデールが提唱した「学びのピラミッド」（本田他、2001）です。異なる方法で情報を入力した場合、24時間後にどのくらい覚えているかを図にしたものです。入力だけでの学習の場合、映像を観たり実験を行ったとしても覚えているのは40%程度ですが、「理解のルート」を使って、入力、関連付け、再生を行った場合には、50〜90%に上がります。子どもたちが教科の中で、活動を中心にした体育、理科の実験や工作などが好きなのは様々な脳の機能が活性化しているから充実感が味わいやすいためです。記憶のループは、入れて出すことで出来上がるため、MI が学習に効果的な理由は、知識を定着させやすいことにもあります。

　しかし、ただ体験しただけでは「何を学んだのか」「何に活かせるのか」につなげることができません。大切なのは、次節で説明する「関連付け」学習の実行機能を活性化できるように組み立てていくことです。

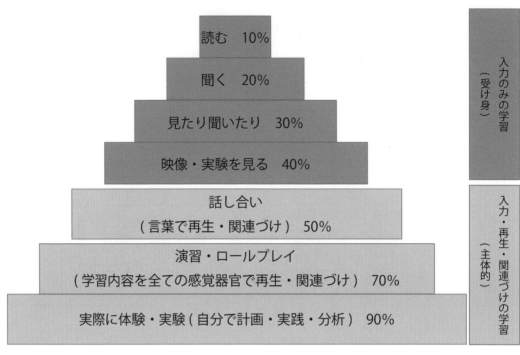

図2-6　学びのピラミッド（エドガーデールから本田が作成）

1.3 知識を応用するための脳の仕組みの理解（実行機能）

（1）実行機能

　「応用のルート」を活性化させるために必要な機能を「実行機能」の視点で解説します。実行機能は、図2-2の前頭葉の機能です。このうちマクロスキー（2021）による自己調整機能に関わる実行機能について説明します（表2-1）。この機能はマクロスキー実行機能尺度（MEFS：McCloskey Executive Functions Scale Norming）で測ることができます。

①注意（就学前〜）

　注意の項目には、複数の情報から一つを選んで注意を向ける選択性の注意と焦点化、それが何かを認識する力（意味づけ）および持続して注意を向け続ける力が含まれます。

　この力が弱いと「何を見るのか」「何に注目するのか」がわかりません。例えばことばを聞き取る時「〜と思いますか」の語尾に注意が向けられれば「自分に質問されている」のか「相手が『思います』と自分の考えを伝えているだけ」なのかが聞き分けられます。また、視点を焦点化したり広げたりできれば、場面、文字など部分と全体の関係も理解しやすくなり、状況判断が的確になっていきます。

表2-1　自己調整機能に係るコントロールの7つのクラスター（マクロスキー、2021）

項　目	習得年齢	内　容
注　意	就学前〜	認識、焦点化、維持
取り組み	就学前〜	活性化、開始、抑制、停止、一時停止、柔軟性、切り替え
最適化	小2ころ〜	モニター、調節、バランス、修正
効率化	小4ころ〜	時間感覚、ベース配分、順序立て、実行
記　憶	小4ころ〜	一時保存、操作、保存（貯蔵）、想起（検索）
見立て	中2ごろ〜	予想、計測、分析、時間の検討、比較
解　決	中2ごろ〜	生成、関連付け、優先づけ、計画、段取り、決定

行き当たりばったり生活…　　忘れ物しがち…　　帰宅すると忘れちゃう…

朝なんてバタバタで…　　また怒られる…

②取り組み（就学前〜）

　行動を開始したり、一時停止したり、スピードを上げたり、次の行動に切り替えたり、柔軟に対応したりする力です。この力が弱いと始めるのに時間がかかったり、いったん開始すると集中しすぎて次の行動に切り変えることが難しくなったりします。柔軟性が育っていると、行動の概要が示されれば道具が多少ちがっても代用のもので柔軟に対応できますが、こだわりが強いと同じ色、予定通りの進め方等でないと、パニックになってしまうこともあります。

　小学校入学前にこの力が習得できていると集団活動がスムーズにできますが、コロナ禍や少子化、幼稚園での自由保育などの影響から、上記の力が未発達の生徒が増えているようです。

③最適化（小2ころ〜）

　この項目には、モニター、調節、バランス、修正が含まれます。まず、自分の行動がうまく進んでいるかを確認するには、自分の視点から離れてモニターする力が必要です。こ

れはメタ認知ともいわれ、状況を多面的・多角的に見る力です。モニターができるとスピードや量などを調節したり、バランスをとったり、目的から外れている場合に修正したりできるようになります。状況判断力とも関連し、その場に最もふさわしい行動を選びます。自己中心的な視点から脱することができないと、効率が悪くてもその人には最適な方法なので、修正が困難です。最適化する力を育てるには幼児期に試行錯誤をして、いろいろな方法を試す経験が大切になります。

④効率化（小4ころ～）

　この項目には、時間感覚、ペース配分、順序立て、実行力が含まれます。効率とは、目的を達成するために最も時間が短く無駄がない方法を選ぶことです。また、次の項目にある記憶の機能の助けを使えばパターン化しやすくなるため、集団生活がスムーズになります。ただし、時間感覚や学習手法や公式は思考のプロセスを効率化する助けになりますが、学びの多様性を考えると最適ではない場合もあります。記憶する量が増えると一般的に効率的と言われる方法を教えられることが増え、作業はできても理解はしていない子どももいるからです。皆と同じやり方、同じ時間内に終わらせることが優先されると「同じにできない」ことが劣等感になり学習意欲が減退したり、対人関係をあきらめる子どもが増えることになります。不登校の背景に「無気力」「日常生活の乱れ」が上位に挙がっていることからすると（文部科学省、2022）、本人の脳の特性に合った最適な方法を探したうえで、効率化を図ることが大切です。

⑤記憶（小4ころ～）

　記憶には、短期記憶、ワーキングメモリ、長期記憶があります。短期記憶は数十秒記憶を保持できますが、不要なものは消去します。そのため、知識を保持するには長期記憶に蓄積する必要があります。記憶のループは、情報を入れて出すことでつながりやすくなるので繰り返し学習が推奨されるのですが、「理解のループ」に入れずに「暗記のループ」にのみ記憶してしまうと、知識が体系づけできておらず、応用しにくくなります。そのため、効率よく学習をするには、入力の段階で「大切なものである」と認識し素早くワーキングメモリーに移動させて作業に入る必要があります。ワーキングメモリーでは、入力された情報を処理します。効率化、最適化の力が備わっていると、整理して長期記憶に蓄積したり、長期記憶から必要な情報を検索して情報処理を行うことができます。漢字は読めるけれど書けない。算数の公式がたくさんあるとどれを使ったらいいかわからなくなるなどは、長期記憶での保存の方法が効率化や最適化されていないため起こります。長期記憶には、陳述記憶（言葉で説明できる）と非陳述記憶（ことばでは説明しにくい）があり、陳述記憶の中にもエピソード記憶（出来事の体験）と意味記憶（エッセンスを凝縮した知識）があります。特にエピソード記憶は、映像や体験なので記憶の容量が必要になりますし、検索にも時間がかかります。それゆえ、記憶する際の特性を理解した上で、意味記憶として整理整頓していくことが大切になります。

忘れ物をよくしてしまう	準備を後回しにしがち
【自分でできそうなこと】 ☐ 用意するものを一度紙面に書き起こし、それを見ながら準備をする ☐ 事前に使うことがわかっているものは使用当日よりも先に職場や学校にもっていっておく（置いておく） **【周囲に協力を求めること】** ☐ いつ何が必要なのかメモに書いて渡す ☐ 忘れ物しそうなものは早めにもってくるよう言葉がけを行う	**【自分でできそうなこと】** ☐ 前日に準備をする時間を決めておき、その時間にアラームかける ☐ 好きな音楽をかけながら準備をし、その音楽が終わるまでに準備を終わらせる **【周囲に協力を求めること】** ☐ 準備をしたか言葉がけをする ☐ 先に準備が必要と分かっている時は、早めに声をかけ終わらせておく。準備ができているか確認をする

自立のためのサポートブックより（本田、2023）

⑥見立て（中２ごろ〜）

　見立てには、予想、計測、分析、時間の検討、比較の要素があります。「これをやったらどうなるのか」「どのくらい時間がかかるのか」「何が得られそうか」等、経験を数値として図ったり、出来事を要素に分類したり、かかる時間を検討したり、要素や方法等を比較したりしながら、状況を見立てたり行動を計画したりするために大切な力です。小学校４年生ころから長期記憶に定着させてきた知識公式が体系づけられていると、効率的に検索して「この課題を解決するには、ＡとＢの公式が必要」「この課題を分析するには、Ｃの方法が効率的」等、蓄積した知識と関連付けて解決方法を組み立てやすくなります。しかし、公式を記憶するときに「理解のループ」を使っていないと、膨大な記号の記憶に意味づけがなされていないので、検索に時間がかかってしまいます。「たぶんこうすればいい」という道筋はわかっても類似した公式のどちらを使うのか混乱したり、熟語の意味も「たぶんこういうニュアンス」なのはわかっても、正確に表現することができないので、得点に結びつきません。

　また、見立てる力は、具体的に見えるものだけではなく、目に見えていないものを推し量る力も含まれます。つまり抽象概念や言外の意味などを推測する力です。心情や相手の目線で状況を理解する力も含まれます。中学時代は、集団活動が増えるため協調性が低いと対人関係でのトラブルが生じやすくなります。自分にとっては最適でも相手や集団には違うかもしれないからです。

2．自分が「時間があるときにやろうと思っていること」について、予想してみよう

①　「時間があるときにやろうと思っていること」または「解決したいと思っていること」を選びます

②　そのことを達成するために必要なことを「そのために必要なこと」に書きます。

③　それぞれ何時間何分くらいかかるか、予測してみましょう。

④　全部で何時間何分かかりそうでしょうか？

```
┌──────────────────────────────────────────────────────────────┐
│                        学修机の掃除                            │
│ ☆☆☆☆☆☆☆☆☆☆☆☆☆☆☆☆☆☆☆☆☆☆☆☆☆☆☆☆☆  │
│           1　本を、本棚にしまう          予測：時間　30分      │
│           2　文房具を整理する            予測：時間　20分      │
│ そのために  3　机を拭く                  予測：時間　 5分      │
│ 必要なこと                                                     │
│ ☆☆☆☆☆☆☆☆☆☆☆☆☆☆☆☆☆☆☆☆☆☆☆☆☆☆☆☆☆  │
│     予測：全部で　時間　　分 かかりそう　 結果：時間 55分      │
└──────────────────────────────────────────────────────────────┘
```

⑦解決（中2ごろ～）

　解決機能は実行機能の集大成で、生成、関連付け、優先づけ、計画、段取り、決定が含まれます。何が解決すべき課題なのかの目標を設定し、見立ての段階で分類した要素を関連付けたり、どういう順番で行うとよいかの段取りや計画優先付けなどをし、最適な方法を自分で意思決定します。探求型、問題解決型の学習で獲得していくのがこの力です。学習課題のみならず、対人関係の課題解決力もこの時期に育ちます。課題解決力をつけていくには、「フィッシュボーンチャート」（図2−7）を活用することを薦めます。フィッシュボーンチャートとは、解決する課題に向けて、魚の骨のように、時系列にそって必要な要素を整理していく図のことです。

（2）応用のルートを駆使する力（批判的思考力）

　批判的思考力とは、文科省の「新学習指導要領」における「思考・判断」に当たる要素です。「クリティカルシンキング（批判的思考力）」は、「ロジカルシンキング（論理的思考）」と分けて、物事の本質を見極めて論理的に思考することを示しています。PISA型学力では、「関連付けクラスター」と呼ばれ、課題を解決するために記憶した公式を新しい場面にあてはめる力として説明されています。関連付けるには、「類似」「比較」「因果関係」「可逆性」が必要になります。また、「分割する力」が必要です。これらの力が育っていると、情報を入力する際に関連付けて知識を体系づけたり、比較して優先順位を決めたりすることができます。情報処理の際には、似た部分を探して公式化したり、比較したりして、効率化、最適化ができます。また、出来事の因果関係が理解できれば、状況を予測したり、原因を分析して対応枠を考えることもできます。

　一つずつ説明していきましょう。

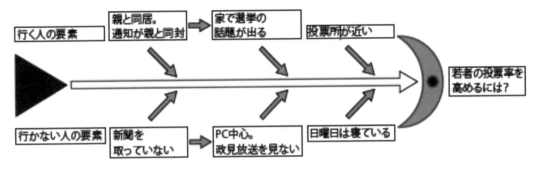

長文読解に必要なことは何だろう？

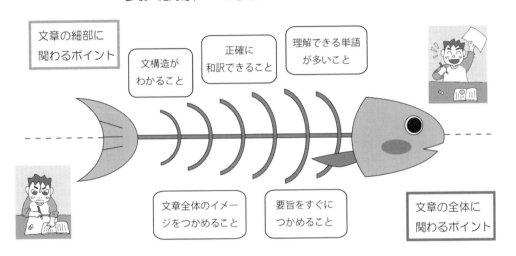

図 2-7　フィッシュボーンチャートの例

①類似

　似ているところと異なるところを見つける力です。これを使うためには、実行機能の「焦点化」「認知」力が必要です。例えば、「はなしことば」を理解するときは、「似ている音」を聞き分けます。聞き落としがあったときも、似ている言葉を探してあてはめることができます。似ているものを仲間分けして上位概念や下位概念に体系化できると情報を整理しやすくなります。「文字を読む」「漢字を覚える」時は、似ている形や意味に注目すると覚えやすくなります。

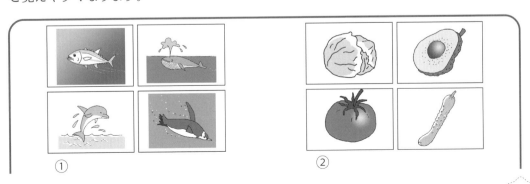

③   ④

②比較

比較は、量と質を比べることです。比べるためには、時間、距離、大きさ等、目で見てわかるものと、善悪、優劣などの抽象概念のような、図る基準が必要になります。

また、子ども自身が自分の活動を比較するためには、自分の行動を客観的に見る視点から「モニター」する力が必要になります。予定と比較する、他者と比較する、過去の体験と比較する等をすることで効率化や最適化を進めることができるようになります。学習成果を個人内で適格に比較するためには、第1章で説明した「評価のルーブリック」が大切な役割を果たします。

③分割

　分割は、要素に分けることです。話し言葉をそのまま聞いていれば、膨大な音の情報になりますが、文節でまとめたり、語尾に注目して文の種類を見分けたりして要素にわけると記憶や操作がしやすくなります。漢字は、偏やつくりなど、部分に分けたり、絵や図も何を表しているか分解すれば、理解がしやすくなります。分割がうまくいかないと漢字が絵のように認識されたり、重なりが分割できないと横棒、縦棒、払いなどの組み合わせ方がわからなくなるので文字を書くのに時間がかかります。

④因果関係

　原因と結果を関連付ける力です。要素に分割した後で、結果に対してどのような要素がどのような影響を与えたかを分析して関係性を見つけます。「なぜ、この事実が起こったのか」中心になる要素、周辺の要素などを抽出して関連付けていきます。多面的・多角的な因果関係を見つけるには「類似」「分割」「比較」「可逆性」の要素を駆使する必要があります。一対一対応で原因と結果をつなげてしまうと、「これをやったら、こうなる」と決めつけてしまうことになるので不安やこだわりが強くなりがちです。また、因果関係は量的・質的な調査結果を考察するときに必要な要素でもあります。

⑤可逆性

　可逆とは、元の状態に戻る事です。可逆的な思考力とは、目の前にある変化後の状態から「元の状態からこの状態になるまで、何があったのか」を遡って考える力です。算数や数学の学力問題で子ども達が躓きやすい要素です。例えば、「今日の入場者は320人でした。これは昨日より2割少なかったそうです。昨日の入場者は何人でしょう」という問題です。可逆ができないと、320×0.8と立式してしまいます。

1.4 新しいことを考え付く脳の仕組み（創造的思考力）

（1）創造的思考力とは

　創造的思考力とは、PISA型学力では「熟考力」に当たります。「①目の前の問題を解決するために、これまでとは異なる方法を探し出す力、②目の前にないものを予想し、解決のための新しい方法を創り出す力」です。ひらめきと創り上げる力が必要なので、批判的思考力が必要です。

①目の前の問題を解決するために、これまでとは異なる方法を探し出す力（組み合わせる力）

　ここには、MIの様々な能力を組み合わせることが含まれます。例えば、暗記が苦手だという子どもがいた場合、何度も書いて覚えるという方法が定番で薦められてきましたが、書くこと自体が苦手な場合は他の入力の方法を組み合わせます。語呂合わせ、身体を動かしてみる、絵と文字をいっしょに見るなどです。情報処理が苦手な場合は、計算機や文字変換にICTを活用しますが、本人がよく使う文字や公式を整理して検索しやすくしたり、

予測変換をしたりできるアプリを作成することで対応します。表現では、これまで言葉や文字での表現が評価されていましたが、「登場人物の心情」を絵や動作で表現したり、秘密にするために自分と相手にだけわかるような暗号を作成したり、情報を共有しやすいようにクラウドが開発されたりしてきました。Society 5.0はまさに創造性が活躍する時代です。

②目の前にないものを予測し新しい方法を創り出す力

　新しいことを考え付くには、目的を持つことと抽象概念を具現化することが必要です。「こういうことがしたい」「こういうものがほしい」と目的を持ちます。この目的はわたしたちにイマジネーションを呼び起こします。文明の発展は想像的な思考力の積み重ねであるともいえます。新しいものを創り出すには「空想力」と「想像力」が必要です。

　この空想力と想像力を具現化するものが文字と絵を組み合わせたイラスト文字（図2-8）やラップ、ヒップホップなどのこれまでになかったジャンルの音楽やリズム、抽象画、仮想空間等の表現形成です。

　①と②は相互に関連し合っていますが、そのためには基礎知識や応用するためのリテラシーが必要になるのです。

（2）創造的思考力を育てるには

　まず、「これをしたい」という目的意識と自分から取り組む自主性を育てることが大切です。また、基礎知識と応用力を育てておく必要があります。そのために、脳の様々な機能を活性化する活動（脳トレ）を日常的に行っておきましょう。

　目的意識は、頭頂葉の「俯瞰する力」が重要な役割を果たします。自分がいる環境をメタ認知して時間的、空間的に俯瞰することができると「問題がどこにあるのか」が見つけやすくなったり、「自分がどこに向かいたいのか」というゴールが見つかります。また、様々な方法を見つけ出していくには「ブレインストーミング」（図2-9）の手法が有効です。できるできないは考えずに、まず、思いつくだけアイデアを出し合っていく方法です。

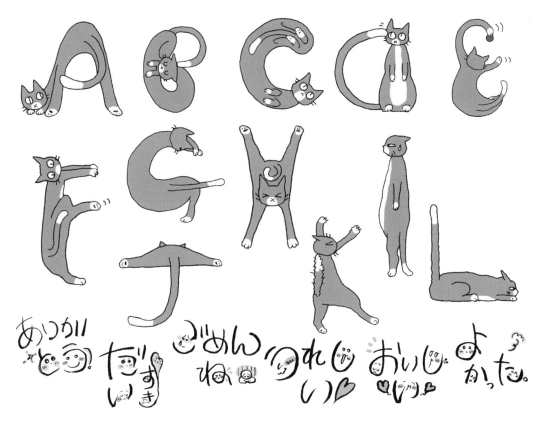

図2-8　猫絵文字、笑絵文字

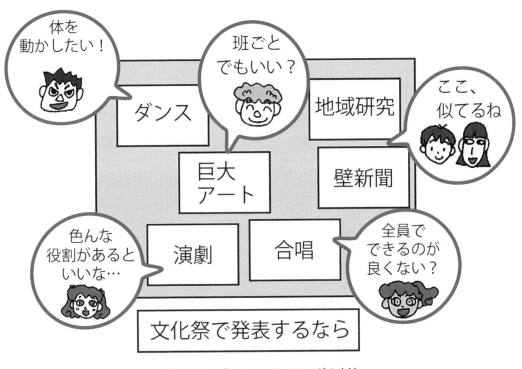

図2-9　ブレインストーミングの方法

2 学びの多様性 MI：マルティプルインテリジェンス理論

2.1 MI 理論とは？

　ハワードガードナー（1943–）は「知能は単一ではなく、複数ある」とし Multiple Intellegence（以下 MI）理論を提唱しました。

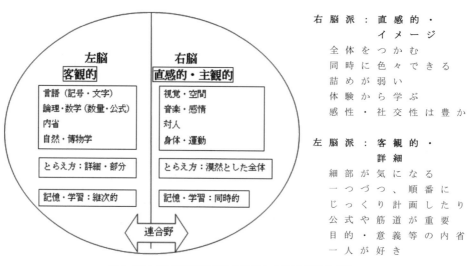

右脳派：直感的・イメージ
全体をつかむ
同時に色々できる
詰めが弱い
体験から学ぶ
感性・社交性は豊か

左脳派：客観的・詳細
細部が気になる
一つづつ、順番に
じっくり計画したり
公式や筋道が重要
目的・意義等の内省
一人が好き

図 2-10：MI 理論に基づく右脳と左脳の機能の違い

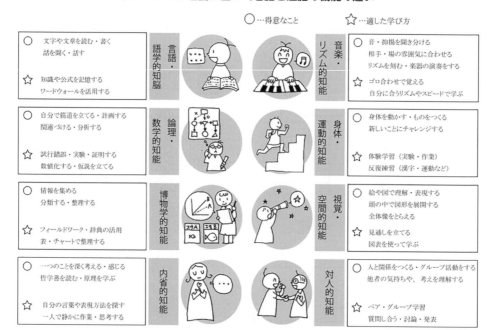

脳科学を活かした授業をつくる　みくに出版（本田、2010）より

2.2 児童生徒の MI 特性を学びに活かす

図 2 -10が MI の八つの知能です。左脳には、言語・語学的知能、論理・数学的知能、内省的知能、博物学的知能があり、右脳には、音楽・リズム的知能、視覚・空間的知能、身体・運動的知能、対人的知能が含まれます。八つの知能は単独に働くこともあれば、組み合わさることもあります。得意な知能を活性化して苦手な知能を育てていくのが MI の学び方です。そのため、児童生徒に MI チェックシート（本田、2010）を実施し、自分のベスト 3 の知能を MI チャート（図 2 -11）にして理解し、特性を活かした学習方法を探していきます。

（生徒の特性）

左の生徒のベスト 3 は、「論理・数学」「視覚・空間」「身体・運動」です。

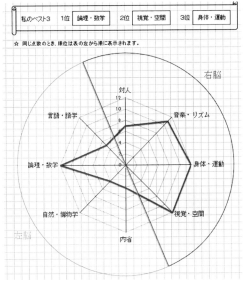

図 2 -11　MI チャート

（MI 学習を取り入れる前の状態）

言語活動や整理整頓が苦手なため、これまでは授業を聴いても理解が遅く、文章題は手つかず、話し合い活動や表現活動では本来持っていた優れた感性や論理性を披露することができませんでした。

（MI 学習を取り入れた後の状態）

「視覚・空間」を活用して、絵や図を用いて社会のノートを作成したり、数学の文章問題を図示するサポートを行うことで理解が進みました。国語の表現活動では、場面をイラストや 4 コマ漫画等にすることで、登場人物の心情変化を生き生きと表現することができ、国語に自信を持つようになってきました。

表 2 - 2 は MI の八つの知能の概要と適した学び方です。情報の入力、情報処理、出力で MI を組み合わせて活用していきます。表 2 - 3 は Armstrong（2002）が論理力を育てるための例として八つの知能をどのように活性化するかを示したものです。

表 2 - 2　MI の 8 つの知能の説明

知能の種類	知能の説明	好きなこと、得意なこと	適した学び方
言語・語学	話を聞く、話す、文字を読む、書く、言葉で考える、文章を組み立てる。	文章を読む、書く。好きな分野の色々な単語を調べる、覚える。いろいろな文章表現をする。外国語を学ぶ。	単語や文章を多角的に理解する。他者の話はメモを取る。付箋等で論理を組み立てる。
論理・数学	公式や論理的なパターン、関連性などを理解する。	量をあてはめて考える、予測する、仮説を立てる、比較するなど。	公式の成り立ちを理解してから活用する。因果関係を説明する、証明する。

内省	自分や他者の気持や考え、出来事の背景等をじっくりと感じたり、深く味わったりする。	一人でじっくり感じる。考える物事の道理、倫理などに気づく。	マイペースでじっくりと一つのことを深める。抽象的な言語表現力を育てる。
自然・博物学	情報を集めたり整理したりする。	様々なものや知識を集める。情報を分類、整理する。	図鑑・辞典、ワードウオール、フィールドワーク等で比較分類する。変化を記録する。データから予測する。
音楽・リズム	音を聞き分けたり、抑揚を理解したり、演奏、作曲などをする。	音楽を聴く、歌う、演奏する、リズムに合わせて動く等	聞いて理解、語呂合わせで覚える。音読する。抑揚、リズム等を組み合わせる等
視覚・空間	図や絵等で理解したり、立体化したり、他者視点に立ったりする。	図や絵を見る、描いて理解する。全体像を捉える、見分ける、映像を記憶する。	図や絵を見ながら覚える、考える単語や文章はまとまりで理解する。フィッシュボーンチャート
身体・運動	体を動かしたり、手指を活用していろいろな作業をする。	運動、スポーツ、ものづくり身体で表現	活動しながら学ぶ。体験学習
対人	人の気持ちや考えなどを理解したり、集団活動をする。	人と関わる。他者を理解する。リーダーになる。グループ活動	対話しながら学ぶ。共同作業

表2−3　得意な知能を用いて苦手な数学・論理思考を伸ばすには？

Armstrong.T（2002）から一部本田が改訂

得意な知能	一般的な論理力を育てるのに有効な方法	数学の問題を解くときに有効な方法
言語・語学	数学や理論を説明している本を読む。ニュース解説を聞いたり新聞の論説を読む。	考え方を書いて考える。数学の問題を解くときは、言葉で話しながら（一人、あるいは友達と）行う。言葉や文章のパターンを捜す。
音楽・リズム	音楽仲間になぜその音楽やミュージシャンが好きなのか聞いてみる。音楽評論を読んだり聞いたりしてみる。音楽を聴きながら、詩の意味や人物関係を考える。	数学の問題や公式を覚えるために、リズムを考える（ラップや語呂合わせなど）。時間を計りながら、問題を解くスピードやリズム感をつける。
視覚・空間	テレビの科学番組やクイズ番組を見る。	問題や課題を図や絵にして、見てわかりやすくする。
身体・運動	1日ワークショップに参加したり科学技術館などで体験してみる。	問題を解くのに、実際に触ったり実験したりする。ジョギングした、軽くジャンプしながら暗算やなぞなぞを解く。
対人	チェスや推理力を試す。トランプやカードゲーム、ボードゲームなどを家族や友達と行う。	グループで数学の問題を解く。わからないときに友達に聞く、教え合う。
内省	数学や論理思考を一人で詠み進められる。本をさがす。	一人で静かに考えられる場所で問題を解く。単元を始める前に、何のためにそれを学ぶのかじっくり考える時間を持つ。
自然・博物学	日常生活で、体験するものの関係性や分類方法について考える（例：おいしいといわれる料理の調味料の合わせ方、強いと言われるスポーツ選手の練習方法や食生活の特徴を関連づけるなど）。	単元を学ぶ前に、全体像を見て、知識体系を把握する。学んだ理論や数学の公式と現実社会との関連性を考える。

3 学びの多様性を活かした授業の在り方

MI を活かした授業づくりについて 1）教室環境づくり、2）クラスの MI のアセスメント、3）授業目標（ルーブリック）、4）MI の授業案、5）ワークシート、6）MI を育てる発問の仕方について解説していきます。

3.1 教室環境づくり

子どもが主体的に学ぶためには、机や椅子の配置は子どもの MI に合わせて柔軟に形が変えられることが望ましいので、個別・グループ等自由に組み合わせられるようにします。また、知識を系統立てて学ぶために授業中かどうかにもかかわらずいつでも活用できる図書室の環境づくりが大切になります。図 2 -12 は、図書室を校舎の中心に配置し、周囲に様々な教室形態を考案したものです。スクール形式で学ぶ教室、自由に話し合いができる教室、活動しながら学びを深める教室など授業形態に沿っていくつか用意することもできますし、教科特性を活かした教室を作ることもできます。例えば、「英語の教室」では、そこに入ったら外国のような雰囲気にして英語だけでコミュニケーションをしたり、「歴史の教室」では、レイアウトの時代に合わせて寺子屋風な授業形態にしたり、「科学の教室」では、VR などを活用した模擬実験の映像を見ることができるなどです（図 2 -13）。

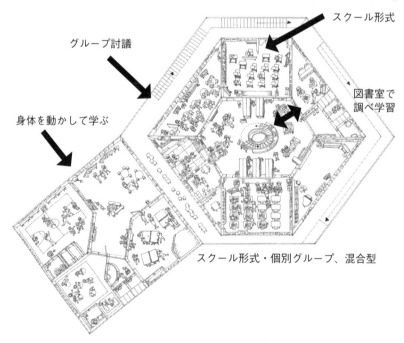

グループ討議
スクール形式
図書室で調べ学習
身体を動かして学ぶ
スクール形式・個別グループ、混合型

図 2 -12　教室環境例（本田、2021　コロナ時代の教育の在り方より）

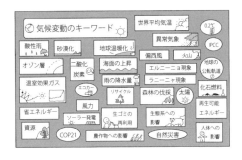

図2-13　社会の教室：脳科学を活かした授業をつくるより

図2-14　スクール形式でのMIに合わせたUDL

　学級が固定していたり、スクール形式で机やいすを動かしにくい場合でも図2-14のように異なる学び方をすることができます。新しく学ぶことや、これまで学んだことを「ワードウオール」に残して貼っておくことで学びが継続しやすくなります。ワードウオールの具体例は、第1章や第3章の実践事例を参照してください。

3.2　クラスのMIのアセスメント

①クラス全体のMI傾向を理解する

　クラスの特徴を理解するために、生徒のMIを集計し、得意、苦手をグラフにしたのが図2-15です（本田、江濱、2020）。集計表に色がついているところは、10名以上いる層を示しており、下の二つのグラフで八つの知能それぞれの得意（右）不得意（左）の分布を示しています。このクラスの場合、音楽・リズムと対人、論理・数学が得意な生徒が多く、自然・博物学が低い生徒が多いことから、人とおしゃべりして議論をするのは好きですが、情報を整理する力が弱く、言い争いになったり意見の合わない人が出てきたりして、いっ

言語・語学	論理・数学	自然・博物学	内省	視覚・空間	身体・運動	音楽・リズム	対人
文章の読み書き	分析したり、道筋を立てる	情報を集めたり整理する	1つのことを、深く考える	絵や図で理解する/表す	体を動かす物を作る	相手や場の雰囲気を感じる	人と一緒に何かをする

	言語・語学	論理・数学	自然・博物学	内省	視覚・空間	身体・運動	音楽・リズム	対人
16~13	6	7	4	3	5	2	11	8
12~9	18	14	10	19	14	23	15	17
8~5	4	7	13	7	10	4	3	4
4~1	1	1	2	0	0	0	0	0

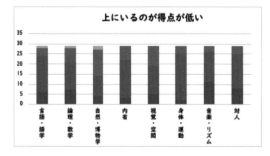

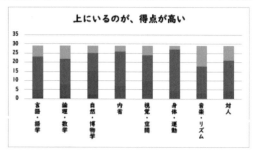

図 2-15　クラスの MI の特徴の集計表とグラフ

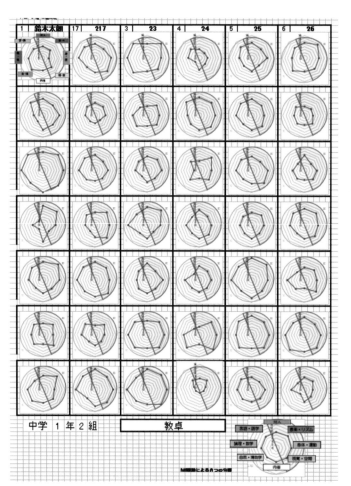

図 2-16　MI 座表表

教卓から見て生徒の MI 特性がわかると、どの発問を当てるか、どういう発問の仕方をしたら、生徒の思考が深まりやすいかがわかりやすくなります。また、グループ討議を似た MI で組むか、混合にした方が活性化するかなども工夫できます。

しょにグループ活動をするのは難しそうです。そのため、共同学習では、まず自分の意見を整理する時間を作り、その後、付箋や視覚的に意見を見やすいワークシートを作成して意見を整理することが必要です。

　スクール形式で授業を進める場合は、図2-16のように、座席表にMI特性を示しておくと発問の仕方に工夫がしやすくなります。

②クラスを到達度で指導案を考える場合

　同じクラス内でMIと認知能力が異なる児童生徒が学んでいる場合は、認知発達段階に応じて、年齢以上に発達している上位層、年齢相応の中位層、年齢に未到達の要支援層に分けて、育成したい脳力に応じて得意なMIを活用した学び方を提案していきます。

表2-4　クラスの特徴　（行動観察からまとめ方の例）

	できていること （能力と態度・意欲）	これから育てる必要のある力	活用する MI
上位層（2割）	授業態度・意欲 ・熱心にノートをとって発言している子と自分の作業を進めている子に分かれる 能力 ・板書を整理して教科書の内容と合わせて作成している ・自分の意見をノートに書いてまとめている ・話し合いで、順番に発表をさせることができるが、まとめたり発展させる力が不足	授業態度・意欲 ・熱心にノートをとっている生徒は、他者に教えることで理解を定着する ・個人作業を進めたい生徒の回答をクラスメイトに示し,効率や問題のどこに視点を置くかを分かち合う 能力 ・グループワークにおけるリーダーシップを育てる ・話し合いでのコミュニケーション能力を育てる	対人 言語 対人 言語 博物学
中間層（7割）	態度 ・板書をそのまま写す ・指示された通りに動く ・話し合いになると、他の人が意見を出すのを待つ 能力 ・基本問題、一度説明された問題は解く ・事実だけはまとめられるが、組み立ての組み立てのパターンが少ない	態度 ・要点を自分で工夫する ・先を読んで行動する ・自分の意見を持つ ・他者と自分の意見を比較 ・他者の意見をつなげる等 能力 ・自分で説明を読んで理解する力を育てる ・応用問題が、どの基本問題の組み合わせかが分割できるようになる	博物学 論理 視覚 対人

要支援層（1割）	**授業態度** ・授業に遅れる ・板書が追いつかない ・授業中におしゃべり **能力** ・書字能力に困難な生徒が4名 ・直感思考レベルで止まっている生徒が2名 ・明らかに知的障害がある子が1名	**態度** ・ベル授業に間に合う ・衝動性をコントロールする ・しゃべりたいときに許可をもらう **能力** ・書字スピードを上げる（機器使用） ・文章題や質問の理解度を上げる ・フィッシュボーンチャートを渡す ・聞きおとし、聞き間違えを減らす ・授業内容を聞いて正確に理解できる力を増やす ・ノートを整理する力をつける	身体 言語

③個別に支援が必要な児童生徒の MI の指導案

　表2-5は要支援の児童生徒に対して MI を活用する例です。個別に MI の得意、不得意二つ程度を挙げ、授業での到達目標に対して活用できる本人の強みと学びやすい教材を提案します。通常は上位と下位3つを組み合わせますが、要支援の児童生徒の場合、情報が多くなると混乱しやすくなるため、目標になる力を最も伸ばせる MI を活用することを薦めます。この例では、言語で分類するのは得意ですが、論理と内省が低いので言葉の意味が一対一対応であることを認識して思考を組み立てたり、感想を深めたりすることが苦手なため、分類を広げたり深めたりするワードウオールを活用します。

表2-5　要支援の児童生徒への MI の活用方法

1 単元：現代国語：評論「であることとすること」
2 習得してほしい知識や思考力：関連付ける力、因果関係（根拠）、比較

生徒名	得意なMI2つ	苦手なMI2つ	この授業での到達目標	活用できるMI	この生徒が実践しやすい学び方・教材
Cさん	博物 言語	論理 内省	1関連付け（分類）ができる 2　因果関係 　その根拠となる文を抜き出す	1博物学を活用して「である」と「する」をわける。 2言語力を活用して根拠となる文の表現方法の特徴を見つける	1整理がしやすい教材 ・付箋に文章を抜き出す ・表で視覚的に整理 ・マーカーで色分け等 2「ワードウオール」 事実の特徴 伝聞の特徴 感想の特徴

3.3　学びの目標（ルーブリック）の作り方

　学びの多様性に対応するために大切なのは、学習目標や到達度を具体的に提示すること

です。「新学習指導要領」にある学力の三要素「主体的に学習に取り組む態度」「知識・技能」「思考力・判断力・表現力等」に沿って作成します。ルーブリックについては、第1章（2）「通常級における評価基準」を参照してください。また、実例は第3章の「中学校における実践例」にありますので、ここでは、先生自身がルーブリックを作れるようになるために必要な要素を説明しておきます。

表2-6　教員が評価のルーブリックを作成できるようになるために必要な要素

項　目	内　　容
主体的に学習に取り組む態度	「評価のルーブリック」の意義や効果に興味を持ち、ルーブリックについて知りたいなとワクワクする気持ちが持てるようになる。
知識・技能	自分の教科で一つの単元における「評価のルーブリック」の表の構成を理解して、学習指導要領に照らし合わせて SABC の項目が作成できる。作成したルーブリックを用いて、MI を活用して学習している児童生徒のパフォーマンスを適切に評価ができるようになる。
思考力・判断力・表現力等	児童生徒の MI の特性を理解し、認知段階にそった学習指導案やワークシートを作成したり、児童生徒の思考を広げたり深めたりする発問ができるようになる。

表2-7　思考力・判断力・表現力等部分の例

観点	S	A	B	C
数学的推論	複雑な精査された数学的な推論をしている	効果的な数学的推論をしている	数学的推論をしようとした証拠がある	数学的推論をしようとした証拠がほとんどみられない
用語や記号	用語や記号を常に性格に使っており、したいことがわかりやすい	用語や記号の使用はたいてい性格で、したこともおおよそわかりやすい	用語や記号を正確に使っていて見、形跡がわかりにくいことがある	用語や記号が使われていないか、不適切な使い方になっている
方略・手続き	常に効率的で効果的な方略をつかって解いている	大体効率的で効果的な方略で問題を解いている	ときどき効率的で効果的な方略で問題を解いている	効率的で効果的な方略で問題を解くことはほとんどない
説明	詳細で明確な説明ができる	明確な説明ができる	説明がやや理解しにくいが、重要な部分は含んでいる	説明が理解不能で、重要部分が書けている
まとめ方	整然とし、明確でまとまりもよく、読みやすい	生前としていてまとまりもよく、大体読みやすい	まとまりはよいが、読みにくい所がある	整然とせず、まとまりも悪い。情報の提示もわかりにくい

3.4　MI を活かした授業案の作成

　MI の授業案では、「生徒が何をしているか」を目に見える形で書きます（表2-8）。教員が生徒に授業内容をいかに解説するかという指導案ではなく、生徒が自主的に学ぶために、教員がどのような教材を用意し、生徒の学びが停滞しているときや、もっと進めたいときに支援していくための声かけのプランです。導入段階で授業内容に興味を持ち、自分でどこまで学ぶか、どの様に学ぶかを決める時間が大切になります。その目標に沿って学習が進められるようにルーブリックによる到達度、学びを定着させたり活用するためのワークシート、ワードウオール、フィッシュボーンチャートを作成しておくとスムーズに学習が進められます。

知識が定着する段階では、認知の発達段階やMI特性に沿ったワークシートが必要ですが、知識を活用する段階では、ワークシートは全員共通のものにします。生徒が自由にアレンジしながら思考を深めていけるようにするためです。ワークシートの作り方は、次節を参照してください。

表2-8 MIを活用した授業案と育てたい脳力を引き出す声かけ

	生徒の活動	活用するMIと教師の指示・支援	育てたい脳力を引き出すための声掛け
導入10分	1 教材に興味を持つ 2 本時の到達目標を理解する 3 自分の目標を決め、学び方を選ぶ 4 計画表を教師に出す	1 本時の到達目標（ルーブリック）を示す 2 本時の内容と日常生活での活用例を紹介する 3 本時の内容を定着するための単語や公式のワードウォールを示す 4 自主的に学ぶための、フィッシュボーンチャートを提示する	1，2「視覚・空間」「言語」に働きかける 「〜の図を見よう」「目標を読んでみよう」 3，4「博物学」「論理」「内省」に働きかける 「フィッシュボーンチャートのどの部分を理解したい？」 「どの項目ができると満足？」
展開10分	知識の定着を目指す場合 2 単元内容を理解するために必要な、単語や公式を自分のMIに合わせて理解したり、記憶したりする 語呂合わせ、書く、絵や図にしてみる、先生の説明を聞く、例題を解く、友だちに説明するなど	1 全体で説明する場合 単元のキーワード、重要公式、等の解説をする 2 生徒が定着のための学習を始めた場合 机間支援をしながら進度を確認し、正確に単語公式を理解できるよう支援する 3 覚えやすい教材を提示する 語呂合わせ、わかりやすい図、映像などを用意しておく 4 知識がどのような体系になっているかを示す知識のツリーを提示する	1 ワードウォールやフィッシュボーンチャートを示しながら公式や単語などの新しい記号を具体的に理解するために、「言語」と「視覚」や「論理」をつなげる働きかけをする 「文章の要旨とは、〜いうことだよ」「図にすると、こういう仕組みになるよ」「定義を読んでみよう」 4 単語や公式の間違えやすい部分に注目して詳細を理解する 「この記号は、こういう仕組みだよ」「これは、この公式に何が加わってる？」「この図は、どちらの公式のことだろう」 「この公式は、こういう問題に使うよ」など
展開20分	知識の活用を目指す場合 1 自分の到達目標のワークシートを選び、取り組む 2 ワードウォールを活用する 3 フィッシュボーンチャートを活用する 4 MIに合わせて、個別・グループで学習する	1 ワークシートを作成しておく 1）認知の段階に合わせたワークシート 2）異なるMIでも活用できるワークシート 2 ワークシートを自分で取り組むためのヒントを用意しておく 1）ワードウォール、フィッシュボーンチャート 2）説明のパワーポイント教材など	1，2 ワークシートで、どの思考力を活用するかがわかる声掛け 自分で、思考を組み立てやすくする声掛け 「何をしようとしてる？」 「この問題は、何がゴール？」 「どの知識を使うといい？」 「効率的に解くには、組み立てる順番は何が先？」 「自分が伝えたいことを、相手がわかる様に表現するには、どの言葉を変えるといいかな」など
終結10分	1 学習の記録をつける 計画表に実行内容を記入 2 わからなかったところを次回までにどうするかを計画する	1 単元の目標が到達できたかを記入する振り返りシートを用意しておく 2 理解不足や、学習方法が合っていない生徒は次回の計画を一緒に考える	1，2 生徒の振り返りシート記入を見回りながら、ワークシートと到達度を比較する声掛け 「今日は、どれができた」 「わかりにくかったのは、

72

			どの部分？」「具体的にミス部分を書いておこう」「次までに、何をしておくとよさそう？」

3.5 発問の工夫

　一斉授業の中でMIを活用する場合は、先生と生徒との「発問」「回答」の対話が理解や思考を広げたり深めたりするカギになります。そのため、先生は、生徒のどの脳力に働きかけているのかをUDLの表と、MIの視点を合わせて理解しておく必要があります。例えば、授業の内容に興味を持ってもらう「導入」ならUDLでは「情動」の部分、知識を定着させたいなら「認知」の部分、知識を活用させていきたいなら「様々なルートでの表現」の部分になります。MIは、この三つのどこにでも応用できますので「動機づけ」の発問、「思考・判断」への発問、「学習方法」への発問など、その生徒のMI特性に合う方法を選ぶことができます。

　また、それぞれの項目で、生徒の認知発達段階による発問の仕方が変わります。発問に対する生徒の回答から、認知段階を見立て、到達目標に沿ってすすめていくには、どういう発問をしたらよいかを「入力」「情報処理」「出力」における認知発達段階ごとに紹介します。

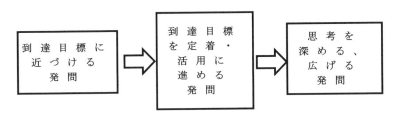

認知段階をすすめていく発問

（1）情報の入力状況

①正確に聞き取れたか、全体像を見ているか

　クローズクエスチョンで質問します。「これから、何をすればいいですか？」「これは正しいですか？」「先生が話した内容は、次の三つの内どれですか？」「今見ているものを指さししてください」などです。

②教師の発問のどの部分に反応したのか

　情報を入力する段階で、間違いがある場合は本人が正しく入力できる支援をします。違う部分を見ていたら、見る場所だけに注目できるように〇で囲ったり、読んでほしい部分だけを取り出して示したりします。耳からの指示だけでは何をすればいいかわかっていない時は、図や実際にやって見せるなど、本人が活用しやすいMIを使います。

（２）情報の処理状況

　情報の処理段階では考えを深める発問をします。児童生徒がどの認知段階にいるかを見立てて、次の段階に進める発問をして下さい。認知の発達段階に沿って、発問例を紹介しておきます。

象徴期：体験したことを漠然とイメージでとらえているため「ことば」と一致していない状態です

　例えば、子どもが「ほら、あれ、こうやってるやつ」と言いながらやっと行動で示したり、「なんか、むかつく」「それ、やばいよね」などと話している時は直観思考につなげる発問：「こういうことかな？」と定義とつなげたり、「それは、〇〇と言うのよ」とネーミングしていきます。

直観思考：見たもの・聞いたものをそのままの状態で記憶する段階です

　次の具体的操作に移行していくまでにいくつか段階がありますので、それぞれの段階に合う発問を考えてください。

①直観思考１段階目：

見たもの・聞いたものをそのまま答える状態です

　一対一対応で、言葉はたくさん記憶していますが、関連付けや体系化ができていません。例えば先生が「〜は、正しいですか」と聞くと「はい」「いいえ」で答えたり、先生の言ったことをそのまま繰り返します。「秋になると、葉っぱが赤くなるのはなぜですか」に対して、「秋だから赤くなります」と応える段階です。

　２段階目に進む発問は、「この文章の中から、葉っぱが赤くなる理由が書いてあるところを探しましょう」のように、目の前にある情報と関連付けていきます。

②直観思考２段階目：

自分の経験や知識と関連付けられているが、回答として適切ではなかったり、過不足がある状態です

　先生が「〜がいけない理由を答えてください」と問いかけたときに、生徒が「え？普通そう思うでしょ」や「この前見たテレビで言ってた」と言うような場合です。具体的操作に進ませる発問は「テレビのどの部分とこの内容が同じかを説明してください」や「これがよいという人の意見と比較してください」等、情報同士の関連付けをしていきます。

③直観思考３段階目：

　自分の経験や知識と関連付けられているが、公式をそのまま当てはめているだけで、その公式の意味は理解不足で作業記憶の状態です。

　例えば、単位の変換はできているが、なぜそうなるかは定義通りにしか理解していない状態です。「この液体はアルカリ性、なぜならリトマス試験紙の赤が青になったから」のような理解の状態です。

具体的操作に進ませるには、「リトマス試験紙の何と液体の何が反応したのでしょう？」と反応の内容を考えていきます。

具体的操作期：

　この段階では、自分で目の前にあるものを組み合わせたり、分解したりして批判的思考力が成長します。関連付けには二つの段階があるため、児童生徒の思考に寄り添って自分で関連付けたり、予想したり、比較したりできる発問をしてください。理科系では、この段階の発問は具体的に目の前の結果を公式につなげやすいのですが、国語の心情理解や場面の予想のように、目に見えない変化を正確に理解して関連付けていかなければならない時には、先生の発問が助けになります

①具体的操作1段階目：

　自分の知識や経験はないが、目の前の資料や材料から質問の解答を組み立てている状態です。例えば国語の『なまえつけてよ』について、「春花はどんな気持ちになったでしょう。その理由を考えてください」と言う発問に対して、心情の変化の根拠を教材と関連づけ、「春花は、最初勇太の態度だけ見て嫌な奴って思ったけど、紙の馬に「なまえつけてよ」と書いてあるのを見て、「ありがとうと心の中でつぶやいた」と書いてあるから」と教科書の言葉を使って解答するような状態です。

　2段階目に進むには、春花が「「ありがとう」とつぶやいたのは、勇太が春花に何をしてくれたと思ったからでしょう」または、「春花が直接ではなくて「心の中でつぶやいた」ときの気持ちを言葉にしてみましょう」というような、行動の背景を問いかける発問をします。

②具体的操作2段階目：
　自分の経験や知識と関連付けられており、かつ質問の内容に正確に答えている段階

　例えば、先の『なまえつけてよ』において「春花は、最初は勇太を、冷たい人で自分のことを嫌っているように感じていたけれど、本当は励ましてくれていると気持ちが変わりました。それは、勇太が紙の馬を作ってその裏に「なまえつけてよ」と、らんぼうなくらいに元気のいい字がおどっているのを見たからです。ぶっきらぼうだけど、本当は勇太は自分のことを心配していて、だから最初も冷たい態度だったのだとわかりました。そのやさしさに励まされたのだと思います」と、自分の言葉で説明できる状態です。

形式操作期：
　目に見えない抽象的な概念を理解して、具体物に置き換えたり、経験していないことを現在のデータから予測したりすることができる段階

①形式操作1段階目：抽象用語は知っているが、定義のみの状態（直感思考の変形）
　「行動をやめたのは、自制心があるからです」「物体が浮くのは、浮力があるからです」

など、概念を使って応えていますが、「この少年は、なぜ、自制心が使えたのでしょう」と聞くと「自制心があるからです」と応えたり、「浮力って何ですか」と聞くと「浮く力です」と応える場合です。

　２段階目に進むには、「自制心は、自分のどのような気持ちを、どのように制御することでしょう。具体例を挙げてください」や「浮くために、物体にかかっている力を図にして説明してください」と具体的操作に置き換える発問と、「その言葉の意味を、もう少し詳しく説明してください」と抽象語を言葉や公式などを使って説明させる発問があります。

②形式操作２段階目：抽象用語を使い、具体例も加えて説明できる段階

　例えば、先の例では「少年が行動をやめたのは、自制心があるから、ガラス瓶をなげたらどうなるか見通しがつけられたからです」や「かぼちゃの浮力が、重力より大きいからです。つまり、中の空気が上に上がろうとする力の方がかぼちゃの自身が重力で沈もうとする力よりも大きいから」と応える状態です。

　形式操作ができるようになると、文字から絵や図、体験したことをことばや絵に変換するなど、MIをフルに活用して関連付けや分析ができるようになります。

（３）生徒の学びを妨げる発問

　発問の中には、生徒の意欲や学びを妨げてしまうものもあるため、発問タイプとその影響を表２－９にまとめました。MIやUDLで目指しているのは、ファシリテーションタイプです。ファシリテーションは「促進」を意味し、児童生徒の思考を受け止め、認知段階を理解した上で次の段階に進める発問をします。授業に際しては、授業案を考える段階で、児童生徒の反応を予想しておくことが大切です。また、授業中の先生と生徒の発問と反応を記録しておき、自分がどういう発問をしているか、生徒の回答にどういう反応をしているかを理解しておくと、自分の思考の傾向に気づきやすくなります。

表 2 - 9　発問のタイプと生徒への影響

発問のタイプ	発問例	生徒への反応	影響
発問なしタイプ	ほとんど先生が説明	黒板に向かって書いて話す	受け身のため集中力が続きにくい
画一タイプ	先生が求めている到達度の解答だけを取り上げるイエス・ノーの発問「～思う人」「これは～ですね。わかりましたか」	・やり過ごす：求める応えと違う場合「あー」と言うが、深めたり、板書したりはしない。・否定：「そうかなー」「みんなはどう思う？」と暗に否定する・正解は、板書　あるいは出ないときは先生が解答を自分で言う	（感情）恥ずかしい、安心して発言ができない、正解をさがそうとする（思考・意欲）発言しても取り上げてもらえないので、無駄。意欲、価値観の減退待っていたら、正解を書いてくれるので、それを待つ。受け身が増える
拡散タイプ	発問は多いが、整理されていないし、生徒の回答をまとめるのが苦手。「どう思いますか」「これって、どうなると思う」「いろいろ、意見を言い合おう」	・拡散する：生徒の回答を「なるほど～」と受け止めて、次々あてていく。まとめがない。・翻弄する：一人の回答にコメントせず、他の生徒に「今のどう思う」と振る。テーマと異なることが出ても勝手にやりとりさせてしまう。	（感情）楽しいので話題は余計に拡散し、発表できる生徒だけ満足学びが深まらないので、授業後には不満が出て、荒れることもある（思考力、意欲）一人ひとりの生徒の発言に翻弄されるので、何がテーマか、混乱する。時間オーバーし、やり残し感も出る。
誘導タイプ	一見、生徒の意見は受け止めているが、いつの間にか先生の思考に合わせて、言い換えられてしまう。「今日は、こういうテーマです」「例えば、こういうとありますね」(考える方向をコントロール)「みんなの例を挙げてみて」	学ぶべきテーマと関連付ける：「今の意見は、ここと関係するね」生徒の回答を集約する：「これとこれは、こういうことだね」（違うことがあっても、省略したり、先生の言葉に置き換えて板書される）	（感情）心地よい。安心して発言できるし、正しい答えに導いてくれるので、依存的になる。（思考・意欲）先生の「いいかえ」に慣れてくると、それが正答と考え、先生が望む回答をするようになる。全体的にまとまりが良く、先生の思いを予想して行動したり発言するが、個性が減少していく
ファシリテーションタイプ	生徒の考えを「促進」する発問を行う。「～いう意見ですね」「それは、どこから考えましたか」「その意見と、先の意見はどこが似てますか、どこが違いますか」等	到達度に近づける：生徒の意見を、そのまま受け止め生徒に到達度と見比べてどこを変えるとよいかを考える発問を続ける思考をすすめる：生徒の意見の、どこを広げたり深めたりできるかを、ルーブリックの次の段階と比べて考える発問をする。	（感情）安心、できて楽しい、認めてもらって自信が増す（思考・意欲）自己理解が深まり、他者の意見を聞くことへの興味も広がる。客観性、メタ認知が進む生徒同士の話し合いでも活用できるようになり、認め合い、高め合うクラスの雰囲気ができる

3.6　ワークシートの作成

（1）認知発達に沿ったワークシート

　情報を入力、操作、出力しやすくするために作成します。それゆえあらかじめ、「基礎力を定着させる」「学んだ内容を活用する」「自分の考えを表現する」など、何を目的としているのかを明確にしておく必要があります。例えば「基礎力の定着」のためなら、語呂合わせで化学式や漢字を覚えたり、古文で主語を探す練習をしたり、算数で図形の面積を求めるために高さがどこかを様々な図で確認したりするシートを作成します。

Ⅰ 体積の求め方の公式を使ってみよう（理解）

今日のワークのゴール
1 体積を求める公式を組み合わせて使う
2 複雑な
3 考えたことを、図や文字を使って、相手が分かるように

5 下のような形の体積を、いろいろな方法で求めましょう。

1 問5の立体の体積の求め方について、正しいものに○、まちがっているものに×をつけてください。（複数可）

( ) 1 : 7×10×3
( ) 2 : 10×14×4
( ) 3 : (14－7) × 10× 4
( ) 4 : (7+10+14+4) ×3
( ) 5 : 7× (10 －4) ×3 ＋ 14×4×3

2 問5の立体は、そのままでは 体積が求めにくいので、 2つに分けます 分けた図に 問5の図の数字をよく見て、当てはまる数字を入れて下さい。

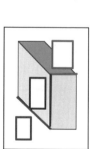

1）たては （ ）cm
2）よこは （ ）cm
3）高さは （ ）cm

1）たては （ ）cm
2）よこは （ ）cm
3）高さは （ ）cm

それぞれの体積を計算してから 合体してみよう
（式）

Ⅰ 体積の求め方の公式を使ってみよう（理解）

今日のワークのゴール
1 体積を求める公式を使う
2 立体をどうやって分けるかを1つ考える
3 考えたことを、図や文字を使って、相手が分かるように説明する

5 下のような形の体積を、いろいろな方法で求めましょう。

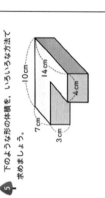

1 立体の体積の求め方について、正しい方法を下から1つ選んでください。

( ) 1 たて × よこ ＝ 体積
( ) 2 辺の長さを 全て 加えたのが 体積
( ) 3 たて × よこ × 高さ ＝ 体積

2 問5の立体は、そのままでは 体積が求めにくいので、二つに分けます。 分けた図に 問5の図の数字をよく見て、当てはまる数字を入れて下さい。

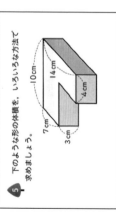
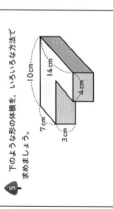

ヒント：横を表わしている線が二つあります。

1）たては 赤い線 （ ） cm
2）よこは 青い線 （ ） cm
3）高さは 緑の線 （ ） cm

1）たては 赤い線 （ ）cm
2）よこは 青い線 （ ）cm
3）高さは 緑の線 （ ）線cm

それぞれの体積を計算してから 合体してみよう
（式）

図 2 -17 基礎力定着のためのワークシートの例

左は公式を見ながら数字をあてはめる直感思考段階、右は公式を数字にあてはめて効率よく計算する方法を模索する具体的操作段階のシートです。

表2-9　子どもの認知の発達

0〜1歳	感覚運動	感覚の統合が形成されていく時 目一手、耳一目、耳一手など
2〜4歳	象徴的思考	シンボルを理解する。ものや動作などを「記号化」する。ことばが増える。 「動作」の延滞模倣（後から繰り返すことができる）
4〜7歳 IQ 60 〜 70	直感的思考	「関係づけ」「分類」の開始。　まだ　一対一の対応 思考と知覚が分離されない状態。見ているものに影響される。 （受身の生徒さんの場合） ☆　先生の指示通りに動く。黒板に書かれたものを意味は考えず写す。 ★　さそわれると行動予測をしないで、危ない行為にもついてゆく。 ★　マイナス状況は変えられないと思い込んでしまう。 （衝動的な生徒さんの場合） ☆　先生や友達のプラスの評価にはテンポよく反応 ★　目の前にある刺激に影響されて、時間配分、行動計画ができない。遅刻、 　　生理的衝動でうごく、思いついたことをすぐ口にする。 （対応の方向性）様々なカテゴリー（上位概念、下位概念）にまとめる練習 　　　　　　　　　カテゴリー同士の関連付けをする練習
7〜11歳 IQ75 〜 9歳 IQ85 10歳 IQ90	具体的操作 正方向 逆方向	目の前にあるものを 動かしながら元の形と比較したり、頭の中で操作できるように なる。 　縦、横、奥行き、時間などでの直線的な変化の理解 「保存の法則」の理解。「数」「量」「物質」の保存 　　　　　　　　公式、ルールを　別場面でも当てはめられる。 $$\square = \square$$ 分数・比の概念が分かる、　長い文章の要点をまとめることができる。 $\dfrac{1}{3} = \dfrac{2}{6}$　　　　　部分を見て、全体像を組み立てることができる。 　　　　　　　　　ある概念を別の概念に置き換えることができる。 上位概念・下位概念、抽象的な思考を始める。 批判的な思考力が芽生える　（比較する、根拠を考えるなど）。 「善・悪」「有益・無益」にこだわり始める。納得しないと受け入れない。 「向社会的判断力」が育つ。 結果から原因を探ることができる。 文章題で途中の要素がぬけていても、遡ったり周囲の条件を分析して解答を 　書き出せる。 （対応の方向性）仮説実験を通して、公式を自分で導き出す練習 　　　　　　　　　公式を組み合わせて、変化をさせていく練習
11 〜13歳 100〜	形式的操作	目の前にないものについての思考が可能 　「仮説」「推論」が可能 創造的な思考力が芽生える。 　「対立解消」これまでにない解決方法が見つけられる。 （対応の方向性）　なぜ、そうなったのか、考察の視点を見つける練習 　　　　　　　　相手に伝わりやすいように、「結果をまとめる」練習

（2）こどものMI特性にそったワークシート

MIの特性に合わせたワークシートを作成することもできます。

図2-18は、地理の都道府県名を定着させるために「視覚」と「言語」を組み合わせた例です。「視覚」が優位で「言語」が苦手な場合は、視覚を中心に作成します。

形に注目して都道府県の位置をおぼえよう　～ 九州地方へん ～

九州地方の地図

- 関門橋でつながっている
- 佐賀県
- ア
- 大分県
- 長崎県
- イ
- 宮崎県
- 有明海とよばれている
- 愛媛県の先っぽからは大分県が見えるほど近い
- 鹿児島県
- 桜島
- 鹿児島県湾とよばれている

☆都道府県のおぼえ方
小学5年生の圭くん、真由さん、美帆さん、隆くんは九州地方のおぼえ方について、とくちょうのある形や、まわりの海や、他の地方の県との位置関係に注目しているよ

九州地方の県で山口県にもっとも近いのが（　ア　）県だということがわかるね。そして（　ア　）県と山口県を結んでいるのは関門橋という大きな橋なんだ。
圭

九州地方の西にある大きな海域は有明海というよ。有明海は、長崎県、佐賀県、（　ア　）県、（　イ　）県の4つにかこまれているよ。有明海の面積は、東京湾や伊勢湾とほぼ同じ1,700平方キロメートルなんだ。
真由

九州地方の県で、四国地方の愛媛県と一番近い県が大分県なんだ。愛媛県にある、細長い形をした佐田岬半島の先っぽとはものすごく近くて、佐田岬半島に行ってみると、大分県を実際に目で見ることができるんだ。
美帆

そのとおりだ。駅の名前でいうと（　ア　）県は大宮駅があって、（　イ　）県は宇都宮駅や那須塩原駅などがあるね。宇都宮市はぎょうざで有名な町だね。

ここからは東北地方をまっすぐに北に進むだけなんだ。（　イ　）県の次は福島県で、その次は（　ウ　）県だ。福島県は郡山駅や福島駅などがあるね。（　ウ　）県は仙台駅があるよ。仙台といえば有名な野球チームの本拠地がある仙台市を思い出すよ。 地図帳の44ページを開こう

仙台駅の次は（　エ　）県に突入ね。あら！地図帳で見てみると、やっぱり（　エ　）県は大きいわね。日本の都道府県で北海道の次に大きいのよ。この県の駅といえば、やっぱり盛岡駅でしょうね。

盛岡駅までくれば終点までもうすぐだ。最後の県は青森県だよ。青森県には八戸駅や終点の新青森駅などがあるよ。こうやって地図帳で見てみると東北地方って、すごく広いことがわかるね。

ちょっとまってよ！東北地方にはたしか（　オ　）県と（　カ　）県もあるはず。今の話には出てこなかったわ。

お姉ちゃん、じつはその通りなんだ。東北地方の中でも、西側にある県は少し行き方がちがうんだよ。宮城県のとなりの（　オ　）県は福島駅から山形新幹線に乗らないといけないし、岩手県の西隣の（　カ　）県は盛岡駅から秋田新幹線に乗らないといけないんだ。

そうだったのね。東北地方は広いから全部の県をまわるのはすごく大変そうよ。そうだ！せっかくだから秋田を目的地にしましょうよ。親戚のおばさんにもごあいさつに行きたいし。

それはいいね。だったら盛岡駅まで行って、岩手県を観光したあと、秋田へ行くことにしようか。

 新幹線に乗って出発！～ めざせ東北地方 ～
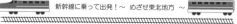

☆圭くん一家の家族旅行計画
東京都新宿区に住んでいる圭くんは春休みの家族旅行について、お父さん、お母さん、お姉さんといっしょに話し合うことになりました。電車が好きな圭くんは東北新幹線に乗って東北地方に行ってみたいと提案しました。

圭くん　お父さん　お母さん　お姉さん

お父さん、今年の春休みは東北新幹線に乗って東北地方に行ってみたいんだ。去年の春休みは東海道新幹線に乗って、大阪へ行ったでしょ？あの時、新幹線が楽しくて、また乗ってみたいと思っていたんだ。

それはいい提案だね。お父さんも東北地方にはまだ行ったことがないから、行ってみたいな。東北地方はお米の名産地で、お魚もおいしいから楽しみだ。

わたしも賛成よ。でも東北地方ってたくさん県があるわよね。東北新幹線だけですべて行くことができるのかしら？圭くん、地図帳を持ってきて、いっしょに確認してみましょう。 地図帳の35ページを開こう

東京駅から新幹線の記号をたどってみると、2つに分かれているよ。西の方へは上越・北陸新幹線と書いてあるから、東の方が東北新幹線だね。よく見ると東京都の隣の（　ア　）県を通った後、少しだけ茨城県を通って（　イ　）県へと続いているよ。

図2-18b　子どものMIに合うワークシート

まず、正確に入力するために、視覚と対人を活用したPPTを作成し、クイズに応えながら覚えていきます。このパワーポイント（図2-18a）は、例えば「東京都は何地方でしょうか？」の質問の下に、①関東地方　②近畿地方　③東北地方　の3つのボタンがあります。

　子どもが正解のボタンをクリックすると「ピンポーン。正解です」というページに進み、次の問題が出ます。子どもが不正解のボタンをクリックすると「もう一度」と日本地図が出て「東京都を探してみよう」と確認することができます。

　次に、各地方の詳細を理解していきます。例えば、言語と論理が強い子どもの場合は、九州地方の地形を他の地方を子どもたちが会話で比較しているワークシートで学びます（図2-18b 上）。電車が好きで言語が強い子どもは、旅行に行く計画のストーリーで学んでいきます（図2-18b 下）。

図2-18a　子どものMIに合うパワーポイントの例

（3）子どもが自主的に学びを深めるための具体例

　以下の例は、子どもが自主的に学びを深めるために作成したレベル別のワークシートとワードウオールです。これは、第3章で紹介する小学校がコロナ禍に直面した時、自宅で生徒が学べる様に先生が作成したものです。この学校では、以前からMIを活用した授業を展開していたため、先生と生徒が協力しあってコロナ禍を乗り越えていきました。

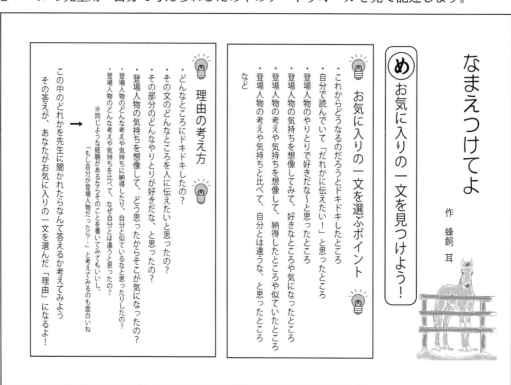

なまえつけてよ

作　蜂飼　耳

め　お気に入りの一文を見つけよう！

① ぼく・わたしのお気に入りの一文は

教科書　ページの　行目から

② 理由は

図2-19　レベル別ワークシートの例

Ｓレベルの児童用：自分で考えられるため下のワードウオールを見て記述します。

なまえつけてよ

作　蜂飼　耳

め　お気に入りの一文を見つけよう！

お気に入りの一文を選ぶポイント

・これからどうなるのだろうとドキドキしたところ
・自分で読んでいて「だれかに伝えたい！」と思ったところ
・登場人物のやりとりで好きだな～と思ったところ
・登場人物の気持ちを想像してみて、好きなところや気になったところ
・登場人物の考えや気持ちを想像してみて、納得したところや似ていたところ
・登場人物の考えや気持ちと比べて、自分とは違うな、と思ったところ
など

理由の考え方

・どんなところにドキドキしたの？
・その文のどんなところを人に伝えたいと思ったの？
・その部分のどんなやりとりが好きだったの？
・登場人物の気持ちを想像したり、どう思ったからそこが気になったの？
・登場人物のどんな考えや気持ちに納得したり、自分と似ているなと思ったりしたの？
・登場人物のどんな考えや気持ちと比べて、なぜ自分とは違うと思ったの？

※同じような経験があるならそのことを書いてみてもいいし、
「もし自分が登場人物だったら…」と考えてみるのも面白いね

→

この中のどれかを先生に聞かれたらなんて答えるか考えてみよう
その答えが、あなたがお気に入りの一文を選んだ「理由」になるよ！

なまえつけてよ

作 蜂飼 耳

め お気に入りの一文を見つけよう！

お気に入りの一文を一つ選ぼう

私が選んだお気に入りの一文は 〔　〕 。

① 教科書二十ページ1行目
どんな名前がいいかな。春花は、頭の中に子馬のまぶしい姿を思い描きながら、帰り道を歩いた。

② 教科書二十三ページ5行目
夜、布団にもぐりこんでから春花は一生けんめい考えた。あの子馬に似合う名前をつけたい。

③ 教科書二十四ページ1行目
なめらかなたてがみ。真っ黒な目。時間がいつもよりゆっくり流れていく。

④ 教科書二十六ページ　行目　11
なまえをつけてよ
らんぼうなくらいに元気のいい字が、おどっている。

⑤ 教科書二十七ページ3行目
ありがとう。春花は、心の中でつぶやいた。

レベルB：到達度を目指す児童用のワークシート
選択肢から選び、教科書の文を読んで考える。

選んだ理由に〇をつけよう（いくつ〇をつけてもいいよ）

私が選んだお気に入りの一文は 〔　〕 。

※理由を答える時には「から」をつけるよ！「〜だから」「〜だったから」

なぜなら、

（　）ドキドキしたから　　　　（　）うれしかったから
（　）面白いと思ったから　　　（　）不思議だと思ったから
（　）びっくりしたから　　　　（　）優しいと思ったから
（　）場面を想像できたから　　（　）気持ちがわかるから
（　）自分は思いつかなかったから
（　）同じようなことがあったから
（　）自分も同じことをすると思ったから
（　）その他の気持ち、選択肢にない理由

〔　　　　　　〕

・どんなところがドキドキしたのか、うれしかったのか。
・どんな気持ちがわかったのか、どこが似ていると思って。
　どこが違うと思ったのか。
・自分が登場人物だったらどうしていたのかなど
　思ったことをメモして残してみよう！

考えを深めてみよう

深さレベル★

・この一文を読むと場面が想像できたからです。
・この一文が好きだからです。

→ くわしい理由を一つ加えてみよう！
・どんなところが好きだと思ったの？
・どんなところから想像できたの？

深さレベル★★

・子馬のなめらかなたてがみが風にゆれているのが想像できたからです。
・自分と考えが似ているので、この一文が好きです。

→ 自分の経験や登場人物の気持ちになって考えてみよう！
・自分だったらどうする？
・同じような体験をしたことはある？

深さレベル★★★

・私もおばあちゃんの家にいって、馬を見た時にたてがみがなめらかにゆれていたり、大きな黒い眼が印象に残ったりしているからです。
・私もこのような状況になったら、同じようなことを考え、行動すると思ったのでこの一文が好きになりました。

思考力を深めていくためのワークシート

　深さレベルを提示して、自分でどこまで深めたいかを決めます。

レベルアップ

次のポイントから一つ選んで、理由を書いてみよう！

レベル上げポイント

① その気持ちになった理由を書く
「〜〜〜〜でびっくりしたからです」

② どんな様子が思い浮かんだのか書いてみる
「子馬のなめらかなたてがみがゆれているのが想像できたからです」

③ じぶんだったらどうするか書いてみる
「私もおばあちゃんの家で同じような馬の様子を見たことがあるからです」

なぜなら、

（4）一枚のワークシートで、異なる MI の生徒が表現する工夫

　段階別、MI 特性別に思考を深める経験を積んでいくと、一枚のワークシートを提示しておくだけで、児童生徒が自分で表現を工夫するようになっていきます。図 2 -20は、小学校 6 年生の「いのちの授業」のワークシートです。「焼き場に立つ少年」の写真を見て、そこで何が起こっているかを考え、これまで学んできた「いのち」について、何をしていけばいいかを表現するものです。この学校では、小 1 から小 6 まで MI を活用して「いのちの授業」を展開してきたので、児童らは自分たちがこれまで学んできた内容とこの写真を関連付けて、内省を深めています。導入は写真という視覚情報ですが、そこから少年の状況を推し量る内省、世界の情勢につなげる論理的思考へと展開し、自分が何ができるかという対人、身体的知能にも言及しています。言語が苦手な右脳派の児童でも絵や感情語を用いて見事に表現することができています。

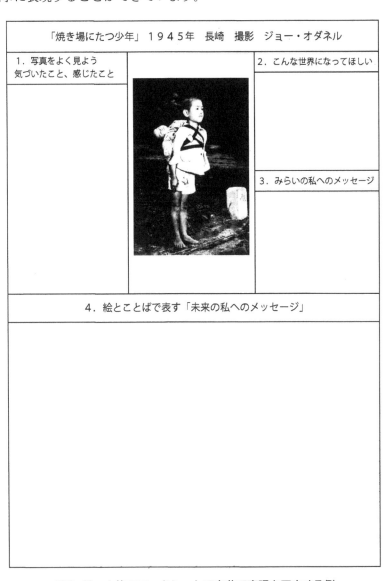

図 2 -20　1 枚のワークシートで自分で表現を工夫する例

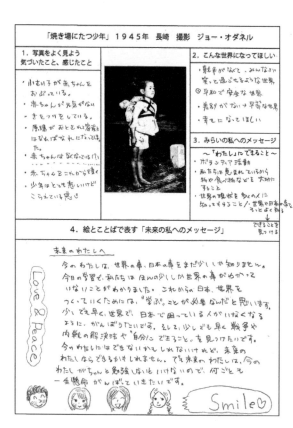

左脳派の子ども:

1　写真をよく見よう

　写真を「小さい子が赤ちゃんをおぶっている」と事実をひとつずつ見ていき、おんぶしている赤ちゃんが亡くなっていることに気づいた段階で「…」と絶句しています。そこから「少年は悲しいけれどこらえている感じ」と内省に入り右側の未来へのメッセージでは、内線や戦争をなくすために自分が今できることをどうやって積み上げていくか決意を語ります。

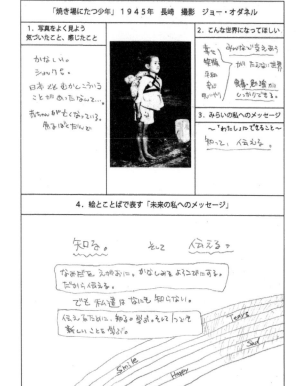

右脳派の子ども:

1　写真をよく見よう

　「かなしい」「ショック」と感情から入り、「日本でもこんなことがあったなんて…」と言葉を詰まらせます。そこから、「みんなで支え合う」「伝え合う」世の中を目指すための方法を虹の上部を目に見える世界、下部は見えない心の世界として描きあげています。Sad, Teas を Happy, Smile に変えるために新しいことを「知る」そして「伝える」ことの大切さを訴えています。

（A小学校「いのちの授業」公開研究会資料より、原作のイメージが変わらないように作成）

参考文献

MacCloskey G.（2023）McCloskey Executive Functions Scale Norming、Schoolhouse Educational Services https://www.schoolhouseeducationalservices.com/mccloskey-executive-functions-scale-mefs/（2023年9月28日最終確認）

Armstrong,Thomas（2002）You're Smarter Than You Think;A Kid's Guide to Multiple Intelligences, Free Spirit Publishing Inc.

本田恵子（2010）、脳科学を活かした授業をつくる　みくに出版

本田恵子（2010）、MI チェックシート

本田恵子、江濱悦子（2020）、MI チェックリストクラス集計表

本田恵子（2021）、「コロナ時代の教育の在り方」、山口幹幸・高見沢実　編著　Before/With　コロナに生きる社会をみつめる、ロギガ書房

第3章

学びの多様性を活かした授業実践

小学校での実践

学校の様子とMIを導入するまでの経緯

本節で紹介する事例は、早稲田大学と奈良県の連携事業の一環として大和高田市と五條市で実践されました。吉田育弘教育長のご許可をいただき内容を紹介します。大和高田市のA小学校の取り組みは井芝満喜子指導主事が中心となり全校で展開したものです。A校は1クラスが15〜20名程度の小規模校です。クラス内には発達の偏りのある子ども、家庭の事情で養育が不十分な子どもが複数名います。まじめにコツコツ覚えていくタイプ、発想力や思考力が高い子どももいますが、共通して「言語力」(読解力、表現力)が低いため、言い争いが多く、ちょっとしたことでけんかになりますが、自分たちで解決することができません。高学年での話し合い活動は、意見を強く言える子どもがしきってしまったり、意見が拡散したりして混沌としていました。一斉授業では子ども達の特性を活かせないため、まず「アンガーマネージメント」(本田、2010)を全学年に取り入れることにしました。多様性のある子ども達が自分の考えや気持ちを安心して表現できる学びの環境づくりが必要だと感じたからです。一年目に5年生の1クラスで実践したところ、生徒が落ち着いて学習への取り組みが改善してきたので、二年目は全学年でアンガーマネージメントを実施しました。様々な授業で子どもたちの行動観察をしていると、国語や算数などの授業中では落ち着かなくなる子ど

Aさんの記録

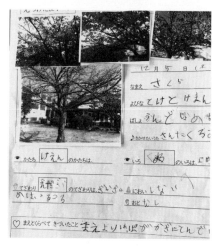

Bさんの記録

もたちは「言語」が弱いけれど、「身体・運動」能力や「視覚・空間」能力は高いことがわかりました。そこで、学校全体でMIを取り入れることにして、「視覚」「身体」を活用して、低学年は「言語力」を育てる活動、中学年は「博物学」(分類する力)、高学年は「論理力」(考える力)を育てる活動を授業案に組み込むことにしました。共通して、「視覚」「身体」「対人」は強いけれど「言語力」の書く力が低いので、「ワードウオール」と

「ワークシート」を活用することで、児童の自主的な学びを引き出しました。

1.2 小学1年生：生活科におけるワードウオールの工夫

　このワークシートは、生活科で一年間植物を観察した記録です。記入するのは「植物の名前」「呼び名」「見つけた場所」という客観的な情報です。そして、「聴かせたい歌」を記入します。この項目では植物が育つために何が必要そうか、自分のどんな気持ちを伝えたいか「内省する力」も使っています。行動観察の観点からは、自分が変化を比べたい場所の「形」「色」「手触り」「匂い」「音」及び「前と比べて　気づいたこと」を記入します。「比較する力」（論理）を育てます。AさんとBさんのワークシートを比較したものです。Aさんは言語、音楽、内省が得意なので、マリーゴールドの形をバラに例えたり、香りを森のにおいと書き、自分の経験とつなげたりしながら表現しています。Bさんは視覚と運動が得意で、言語や書字が苦手なので、単語で表現していますが、「まえより　はっぱがかぜにとんでいた」と目には見えない変化の背景を表現できています。

表1-1

ワークシートの項目	Aさん	Bさん
MI特性	言語、音楽、内省	視覚、運動（書字苦手）
なまえ	マリーゴールド	さくら
よびな	ゴールドちゃん	とけとけまん（とげとげ）
ばしょ	みどりのひろば	うんどじょのちかく
きかせたいうた	ゆうき100%	さんたくろおすのうた
かたち	はながばらみたいなかたち	けえん（けん）
いろ	はながやまぶきいろ	くろ　こげちゃ
てざわり	はな　さらさら つぼみが　ぷにょぷにょ	（えだ）のてざわりは（ざらざら）、（めはつるつる）
におい	もりのにおい	しない
おと	クシャクシャ	なし
まえとくらべてきづいたこと	まえより　はなが　へってる つぼみがすくなくなってる たねがはなのかわりに あったよ	まえより　はっぱがかざ（かぜ）にとんでいた
かけたいことば	いっぱいたねになってね。いっぱいつぼみからはなになーれ	

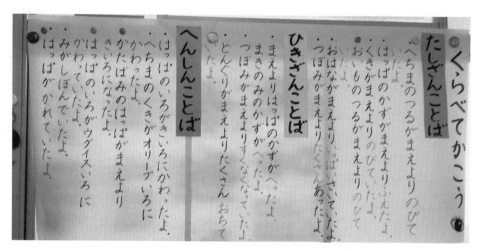

図3-1 ことばを育てるワードウオールの例

子ども達が使った言葉をわかりやすい「まとまり」にして壁に貼ってあります。
子ども達は、ここから選んで自分のワークシートに書いていきます。

色の表現力を広げる

　紅葉した葉は、どの色と似ているか比較したり、分類したり（論理、博物学）して名前と一致させます（言語）。

　色の和語「あさぎ」「紅」なども加えて響きが合っているもの（音楽）と融合していきます。

オノマトペを活用

　音や感覚は「サクサク」「シャッシャ」「ふにゃふにゃ」などオノマトペで豊かに表現できます。聞こえた音を自分なりにオノマトペにして自分らしい表現方法を選べます。

学校全体での「アンガーマネージメント」の実践

　低学年の目的は、「表現力」（言語知能）と「感性」（音楽・リズム知能）を育てることで、中学年の目的は「多面的多角的な視点でとらえる」（博物学・論理）、高学年は「他者理解」（対人知能）と「話し合う力」（言語知能）です。アンガーマネージメントも連動して低学年は感情を表情カードで示したり、気持ちのモニターをつけていきました。

　中学年は「ちくちく言葉」を「ふわふわ言葉」にかえたり、メタ認知を育てる授業を展開しました。高学年は、様々なトラブル場面を想定したロールプレイを行い、「話し合う」ことによる解決力を学びました。

〈学校内での取組〉「アンガーマネジメントプログラム」実施に向けた土台づくり

低学年　「感情を豊かにしよう　五感を育てよう」
「表情まねっこクイズ」「今どんな気持ち？」「表情カードを使ってお話しよう」など

中学年　「人とつながるソーシャルスキルを育てよう」
「上手な話の聴き方」「気持ちいいあいさつ」「ごめんなさい」「ありがとう」など

高学年　「自分を理解しよう」～アンガーマネジメントプログラム～
第1課程「気づき」　　　　第3課程「自分の特性の理解」　　第5課程「新しい行動の練習」
第2課程「なっとくのりくつ」　第4課程「新しい行動の学習」

1.3 小学校5年生：思考力を育成する「ヒントカード」の活用

　この授業の目的は「日本の食料品の輸入が増えた理由について、資料やグラフを読み取り、その理由について交流を通して考える」ことです。食料自給率が、低い理由を資料から探し、意見を交換し合って理由をまとめていきます。理由は①食生活の西洋化、②外国産の値段が安い、③輸入品なら一年通じて食べられる、④輸入（貿易）の自由化などで、資料は教科書の解説のほかに、農林

資料を選ぶ生徒

水産省のデータを示したグラフ（図3-2）、海外の大規模農業と日本の小規模農業の写真、昭和と現在の食生活を比較した絵などを使用し、複数を組み合わせると上記の理由が導き出せるようになっています。「ヒントカード」には、資料を読み込む際にどこに注目するのか、何を比較するのか、不足している情報はないかを確認する問いかけが書いてあります。直感的思考特性の児童もヒントカードの問いかけのレベル「1 正確な理解」「2 その資料の中での比較」「3 他の資料と組み合わせると、理由がより明確になる」に合わせて考えられるようにしました。

　児童は、一人で考えてから意見交換に行ってもいいし、最初からグループで話し合ってもよいことになっています。

一人で考える生徒

グループで考える生徒

視覚と論理が強い児童の思考力を育成する資料とヒントカードの例

■食生活の変化のイメージ（1人当たり消費量の変化）

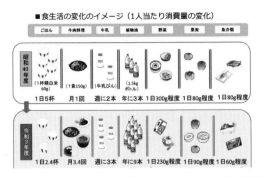

令和4年　農林水産省「知ってる？日本の食料事情2022」より

■品目別の自給率（2021年度）

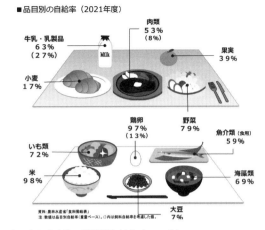

「ヒントカード」

1　増えた食材、減った食材は何でしょう
　（資料の一部でわかるよ）

2　その食材の自給率は、いくつでしょう
　（資料の別の部分と比較するとわかるよ）

3　増えた食材は、なぜ輸入しやすいのでしょう
　（他の資料と組み合わせるとわかるよ）

■日本の主要農産物の国別輸入割合（2021年）

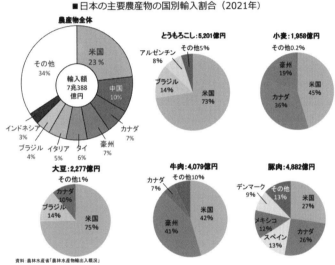

図3-2　農林水産省「令和3年度食料自給率・食料自給力指標について」より

品目名	輸入品価格	国内産価格
牛肉	317	866
豚肉	173	276
サクランボ	298	688
エダマメ	61	280
さやえんどう	99	198
しいたけ	22	44
ジュンサイ	120	380
セロリ	79	315
ニンニク	28	165
ブドウ	198	680
ミカン	60	139

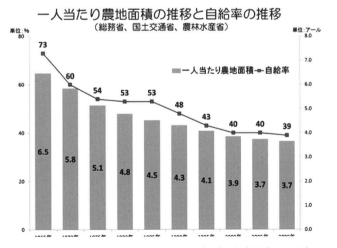

一人当たりの農地面積の推移と自給率（国土交通省、2023）

1.4 小学4年生：「本のショーウインドウ」を活用して言語力を育てる

　五條市のB小学校は平成29年度に奈良県と早稲田大学の連携授業の一環として「MIと ASSESSを活用した授業実践」を研究発表しました。実践に先立ち、小学校は学級担任との関係が学習意欲に影響することを考慮し、学級環境適応尺度「ASSESS」（栗原、井上、2012）によって子どもたちと先生の関わり方を振り返り、「教師サポート」が必要な児童には教員がわかりやすい言葉で積極的に関わり、対人関係や学習において「要支援」の児童にはグループづくりで安心できる環境に配慮し、児童が得意なMIでのヒントカードなどを活用することにしました。先生を含めたクラスメイトとの安心できる環境が整備されたのち、各児童のMI特性を活かした活動を取り入れました。言語力が低い児童は、言語そのものを教えても興味関心が低い上に学んでも使おうという動機付けが難しいため、「各教科・領域を通して、言語力を高める授業展開や指導を充実させれば、児童の表現への自信が高まり表現力が向上するだろう」という仮説の基に、国語で「本のショーウインドウで、お薦めの本を紹介する」という言語活動を行いました。構成内容は、①ほんのあらすじ、②好きな場面とその理由、③好きな一文とその理由、④読書記録、⑤取材記録、⑥友だちの感想コーナーです。お薦めの本を選ぶ前にまず、教科書に掲載されている「走れ」（村中李衣作）から好きな場面と好きな一文を選び「ショーウインドウ」にする練習をしました（図3-3）。右があらすじ、中央の絵が好きな場面と好きな理由、左の説明が好きな一文とその理由です。

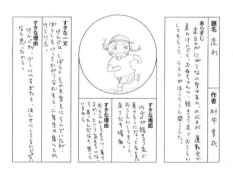

図3-3 「本のショーウインドウ」

　MIで視覚と運動が強い児童は中央に自分が選んだ場面の絵を自由に描き、それを見ながら「好きな理由」を言葉にしていくので、活き活きとした表現ができるようになってきました。好きな場面も自由に選べるので、のぶよが一生懸命走っている場面を選んだ児童もいれば、弟のけんじの行動に注目した児童もいました。図3-3の左の児童は、視覚と論理が得意ですが、言語は苦手なので、これまでワークシートには単語程度しか書きませんでしたが、「ショーウインドウ」では積極的に取り組み、弟が鏡をのぞき込んでいる様

子を後ろから見た絵を描き、この場面を選んだ理由をのぶよの視点で「とてもいい日で、のぶよは〔弟が〕笑顔でいてやだなと思っているから」と表現しています。この文の意味は、のぶよは雨が降ればいいのにと思っていたのに、運動会の日は天気がよく、自分が走って昨年のようにビリになるといやだなと思っているのに、弟が笑顔でいる様子のことを伝えたかったそうです。この児童の様に、イメージはあるのに、言語にうまく変換できない場合でもショーウインドウは楽しく取り組めたので、言葉もたくさんでるようになりました。

　いつもの「文字を埋める形」のワークシートでは、文字数も表現方法も画一されがちでしたが、この活動では、好きな理由の表現方法も多様で、言語が得意な児童は具体的なセリフを引用して「わけは、『ねえちゃん行けっ』『よいよ、行けっ』で必死な気持ちがつたわったから」と表現したり、内省が得意な生徒は「温かい家族だとおもったからです」と自分が感じた印象を述べたり、対人と論理が得意な児童は、「のぶよがおかあちゃんとけんじのおもいをもってはしっているから、すごくしんどいけど一生懸命走っているからすごいと思えます」と登場人物の立場に立って心情を表現しました。内省と言語が優れている児童は「好きな一文」で「けんじは、しばらくその文字をにらんでいたが、ぼうしをぐっとかぶりなおすと二年生の席へとかけていった」を選び、好きな理由に「けんじが、少しいいすぎたと反省してるんじゃないかなと思ったから」という目に見えない心情を書いていました。

　このように視覚化したものを言語表現する練習を続ける内に、自分を客観的にモニターする力も育ちました。毎日行っている学習の振り返りにおいても、MI活動前では「先生の説明がよかったからわかりやすかった」と漠然とした表現だった児童が「見当をつけたら、商をふやしたりへらしたり見当がつくからわかりやすかった」と算数に必要な見通しや方法について具体的に書けるようになりました。図3−3に載せた児童も3学期には「いままでより声を元気に出して大きな声でおはようございますといって、その次の言葉を頑張っていってみたり、あいさつの意味を考えながらあいさつをしていきたい」と、得意な論理を使った言語表現ができるようになりました。

　最後に、MIを活用した授業形態に戸惑う児童についての留意点もお伝えします。これまで先生が話すことを聞いてノートをとって暗記をするという授業スタイルに慣れている受動的な児童は、第2章の「入力」と「記憶」「再生」のループしか使っていなかったため、自主的な学びに戸惑いました。そのため、ASSESSの事後の結果では、学習的適応が一時的に下がっています。対応として先生方が作文のコツや算数の解き方の「ワードウォール」を示したり、机間指導を頻繁にして取り組み途中での支援を行うことで、見通しが立つようになっていったそうです。

参考文献
井芝満喜子（2018）平成29年第2回奈良県教育サミット発表資料
栗原慎二、井上弥（2012）『アセスの使い方・活かし方』ほんの森出版
奈良県立教育研究所（2018）「学校における危機管理体制の構築事業」　1学力保証部門報告書

2 中学校での実践

2.1 学校全体での取り組みの効果

（1）生徒の変容　大田区学習効果測定の結果より

　MI を授業に取り入れたことで、学習面においても効果があらわれました。右の表はMI の授業を取り入れた2年間の大田区効果測定の結果です。「観点別正答率の比較」「校内平均正答率の比較」について、2・3年生共に得点がプラスになりました（一年生のデータは小学校時との比較になるので、残念ながらデータがありません）。

　右のグラフ、観点別正答率の「関心・意欲・態度」では、2・3年生ともに上昇した教科がみられ、特に2年生の国語科では7.1ポイント、3年生の英語科では12.1ポイントの大幅な上昇がみられました。

　また、右のグラフは、校内平均正答率を表しています。第2学年で「数学」「理科」「社会」の3教科、第3学年で「数学」「理科」「英語」「国語」の4教科の上昇がみられました。

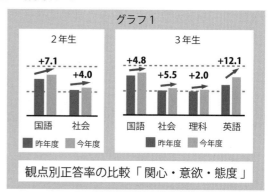

観点別正答率の比較「関心・意欲・態度」

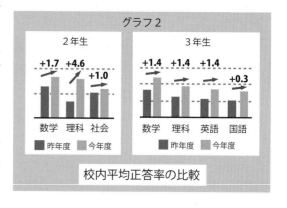

校内平均正答率の比較

　MI の理論を活用した授業を通して、生徒に「何を学ぶのか」のゴールが明確になったのと同時に「学び方」を生徒の個性に合う方法を選べる様になったために、主体的に学びに向かう姿勢が伸びた結果となりました。

2.2 学校全体の取り組み

　どうやって学校全体への取り組みを推進したのかを紹介します。

第一段階

STEP0　教員一人による実践

　　　ちょうど、「クラス全員に同じタイミングで同じことを指導する一斉授業スタイル」では全ての子どもたちの学びを保証できない、と感じていた頃、本田先生

からMIの理論を学び、「確かに。なるほど」と思いました。今までやってきた授業スタイルからの変更に多少の抵抗はありましたが、「何よりも生徒が学ぶ、ということが最優先だ！」という自分の価値観を大事にして、実際に英語の授業で実践してみようと決意しました。MIを取り入れた授業を実戦するにあたり、自分が得意なMIだけではなく、苦手なMIもバランス良く活動に取り入れるように意識しました。生徒達の様子ですが、はじめは私の授業スタイルの変更に多少戸惑う様子も見られましたが、徐々に慣れていきました。生徒達の授業への取り組み方が前向きになり、「面白そう」「できそう」「英語の授業が楽しい」と言ってくれる生徒が増え、手応えを感じました。

STEP1 管理職と一緒に「子どもたちがワクワクするような授業」を目指すという目標を設定

　　ちょうど、2021年度の中学校の完全学習指導要領改訂に向け、「個別最適な学び」「協働的な学び」というキーワードが教育界で話題になっていた時期でした。一方で、学年末の生徒へのアンケートでは「本校の先生方は生徒の興味・関心をひくように、授業で生徒の学びを工夫している」の項目が低い状態が続いていました。一斉授業で先生が授業中一人で話している、生徒は黙ってノートを取り、聞いている、という授業が多く、授業が個別最適化になっていないという学校の現状がありました。そして、授業中、全ての生徒がイキイキと学び、自ら進んで学習している、理想の姿をゴールに設定しようと管理職と話し合いました。その手段としてMIを取り入れた授業を推進しよう、ということを決定いたしました。折しも本校に区から研究推進校の話がおりてきて、せっかくの機会なので、研究発表会に向け、授業改革を行おうと決定しました。全ての生徒がイキイキとする授業を目指し、研究主任を引き受けました。

STEP2 外部の専門家に力を借りる

　　学校の教員だけで行うのは難しいので、MI実践の第一人者の本田先生の力をお借りしようと管理職が決断しました。既に他の学校でも実践されていて、教員に寄り添い伴走して下さる本田先生に引き受けていただけて、私たちはとても幸運でした。現在は「チーム学校」が叫ばれています。課題への取り組みを学校だけで行うのではなく、もし伴走してくださる「外部の専門家」がいらっしゃるのなら、積極的にお願いすることが教員の学びを深める最善の策の一つだと思います。

STEP3 校内の研究授業をスタート

　　最初に、まず、提案者の授業を先生方に見てもらおうということになりました。校内研究授業を設定し、MIの英語の授業を行いました。ここ何年かで初めての校内研究授業です。通常、研究授業では、教師の動きについて意見交換をすることが多く、先生方は生徒よりも、主に教師を見ていたのですが、今回は生徒達の授業での学びを見てもらうようにしました。結果、授業の90％以上の時間を生徒は何かを考えたり、英語を練習したり、他の生徒と活動したりしていました。生

徒達が楽しそうに活動する姿や堂々と英語を話す姿を見て参観してくださった先生方は「授業中の生徒の活動量」について意識する良い機会になった、ということをおっしゃっていました。この研究授業では管理職が時間的な配慮をして下さいました。管理職は全員の教員が授業を参観できるように、授業者が授業をする1クラス以外は下校させるように手配して下さったのです。これ以降も、管理職は「教員が学ぶ時間を確保する」ということを意識し、時程の設定など、協力的かつ弾力的に設定することを許可して下さいました。

第2段階
STEP 4 全教員による MI 理論の学びの開始

　　新年度に入り、校内研修を通して「生徒たちに個別最適な学びを提供しよう」と張り切っていた矢先に、コロナの影響で全国的に4月から6月のほぼ2ヶ月学校が休校になりました。「先生方の学びを止めずに研修をスタートしましょう」という本田先生に元気づけられ、学校やそれぞれの自宅からオンラインで最初の研修を実施することにしました。オンラインを実際に使うのが初めてという先生方が多く、全員がオンラインに接続できるまで40分もかかりました。

　　「生徒の為にやってみよう」と教職員が一丸となり、研修がスタートしました。「難しそうだな、できるかな？」と心配する先生方ももちろんいらっしゃいました。研修での学びを確かなものにするため研修が終わるたびに、担当者を決め、「研究新聞」（p116参照）を発行し、理解の促進をはかりました。その中でも、博物学知能が優位な先生が作成された新聞はとても好評でした。先生方にも、順に自分のMI特性をMIアンケートによって確認してもらいました。「ああ、やっぱり」という感想が多く、「〜先生はどうでした？」「予想どおりのMI特性ですね」など教師自身がとても盛り上がってお互いのMI特性を確認し合いました。

STEP 5 MI の授業の役割

　　導入時に大事にしていたことは以下のとおりです。

> 2年間の研究で目指すこと
> ①生徒が「面白そう」「やってみたい」「できそう」と感じられる授業を目指しましょう。
> ②何を学ぶのか、どういう力を身につけるのか「到達度」（ルーブリックをもとにした授業構成）を明確にしましょう。

　　MIの授業は目的ではなく、手段であることを何回も確認しました。なぜMIの授業を実践するのか？様々な場面で（職員会議や新聞作成などの機会に）教員に話しました。MIの授業を通して子どもたちが主体となる個別最適化の授業を行い、個々の子ども達の学びを促進することであることを目的とし、そのために、

生徒が「楽しい」「やってみたい」と思う授業を目指そうということを何度も確認しました。

STEP 6 校内推進の具体的な計画を立てる。外部専門家との連携開始

研修の計画を具体的に立てました。実際、全て計画どおりに実践しました。

令和2年度

	研修日	研修内容
1	4月	MIを使った授業の目的・MIの基礎知識・ルーブリック評価
2	5月	誤解答から生徒の思考を分析・ルーブリックの評価
3	6月	これまで学んだ内容の復習とルーブリック評価の作成
4	7月	事前に授業観察をした3年生国語科授業のフィードバック
5	8月	ASSESS（学校環境適応感尺度）の読み取りと学習指導案の作成方法
6	10月	授業中の発言（逐語）から生徒の学びを分析
7	10月	2年生数学科研究授業と生徒の学び方の分析
8	12月	1年生を対象にしたＳＳＴ 講師：まなびの創造アカデミー　鎌田 晴美先生 　　　　ジャパンGEMSセンター　鴨川 光先生
9	2月	2年生保健体育科研究授業と生徒の学び方の分析

令和3年度

	研修日	日程
1	4月	1年間の研究の引き継ぎ
2	4月	令和の日本型学校教育・本年度の研究について
3	5月	2年生理科研究授業と生徒の学び方の分析
4	6月	1年生を対象にしたＳＳＴ（講師　鎌田先生・鴨川先生）
5	6月	1年生社会科研究授業と生徒の学び方の分析
6	7月	3年生国語科研究授業と生徒の学び方の分析
7	8月	学習指導案検討
8	9月	1年生美術科研究授業と生徒の学び方の分析
9	10月	これまでのまとめ

生徒の学力向上の裏には、教師が、「生徒がどのように学んでいるか」を見る視点をもてたことが大きく影響していると考えられます。毎回校内研修では、各教師に観察する班を割り当て、子どもたちの学びを一人ひとりじっくり観察するようにお願いしました。教師は生徒のMI特性つきの座席表（右図）を見ながら、授業の中で生徒がどのように取り組んでいるか、生徒の思考パターン・イ

MI特性つきの座席表をもって授業参観

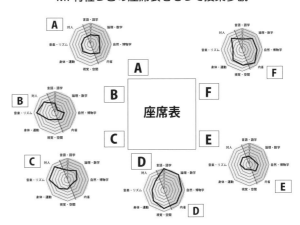

ンプットとアウトプットの仕方を観察していきました。そして、それぞれの生徒の学び方の違いを理解しました。「MI特性でこんなに学び方が変わるんだ」「生徒にはそれぞれインプットのしやすさ、アウトプットのしやすさがあるんだ」と素直に感想を述べ合いました。

　授業後、本田先生から授業中の生徒の行動の背後にある脳の動き、思考の仕方などを伺い、生徒のことをより深く理解するスキルを身につけることができました。「生徒はこんなにも違う。学び方が違う。だから、ただ聴くだけの一斉授業には限界がある。全ての子どもが学ぶことができない。これが授業観察から理解できました」と多くの先生方から感想がありました。

　さらに、生徒の個別的な理解にとどまらず、協働的な学びの中でグループメンバーのそれぞれがもつMI特性が影響し合いながら学びが促進することが理解できました。グループの学びには、その活動の目的に拡散させる目的とまとめる目的とがあり、グループをどのように編成するかが大事になることもわかりました。つまり、MIによるグループ編成が重要であることが分かりました。

STEP 7 保護者にもMIの授業へのご理解を促す（新聞・集会など）

　保護者にも、教員たちが全員で授業改善を行っていることをお伝えしました。学校での教育活動は保護者の理解があって、より有効に成り立つと思います。ありがたいことに、保護者の方々も学校全体の取り組みに期待してくださっていることが分かりました。以下は年末の反省に保護者から頂いたコメントです。

> ・教育の充実を目指すべく、研究内容を積極的に発信されている。
> ・研究授業の成果がさらに活かされ、子どもたちの学習意欲が増すことを期待しています。
> ・研究で教員間での共有をさらに充実させ、全体のレベルアップを進めていただきたい。
> ・とても意義のある研究推進だと思います。MI診断など、今の子どもたちに合った特性を伸ばす教育、私も受けてみたかったです。

STEP 8 データをとる

　学校から保護者に通知文を出し、MIアンケートと学校環境適応感尺度「アセス」をとることを確認しました。MIアンケートは一人一回、アセスは毎年二回、全生徒分を取りました。MIの授業を行うことで実際にどのような変化があるのか、確認しました。授業改善をやるからにはある意味教師にも痛みが生じます。新しいことをやるときはいつもそうです。研究主任としてそこの理解は必要だな、と常に思っていました。そこで、「教師が本当にやる意味があるかどうか」の証明が必要だと思いました。その証明の一つとしてデータが後押ししてくれます。実際に本校の教員もデータで学力向上が証明されたときはそうでした。データは

教師のモチベーションに直結します。「生徒に効果があり、生徒のためになるなら、やってみよう」と教師は思うからです。学校全体でやる場合、やはりデータを採ってその効果を実証することが大切になると思います。

第3段階
STEP 9 学校で協力してくれる教員をみつけ、授業をスタート

　MI の授業を推進してくれる先生を集めました。先生方の授業を定期的に参観し、できるだけアドバイスしました。若い先生も「生徒の学びが進むならやってみたい。」と臆することなく積極的でした。若い先生方が挑戦する姿勢を見てベテランの先生方の中にも「自分もやってみよう」と挑戦された先生もいます。もともとクリエイティブに生徒の様子を楽しみながら授業を行われている先生方は、生徒の MI の特性を活かしながら、生徒と共に楽しそうに様々な活動を提案してくれました。様々な先生の授業を見て、最初は「MI の授業は難しそうだな、できそうにないな」「具体的にどのような授業が良いのか教えて欲しい」とおっしゃっていた先生方も、「ああ、そういう方法もあるな」と他の先生の実践から学び、自分の授業に取り入れる先生が増えてきました。まさに、教師の協働的な学びのスタートです。研究主任として、先生方の頑張りを最大限サポートできるように心がけました。特に前向きに組織に良い影響を及ぼしてくださる先生に目を向け、紹介するように努めました。以下は研究主任新聞で記載した一コマです。

　４中のはなまる先生
インタビューコーナーです。記念すべき
第一回目は、校内研修で人一倍
うなずいて聞いてくださっている、とても前向きなK先生です！

江浜：「どうして、教員になろうと思われたのですか？」

K先生：「幼い頃から料理が好きでした。
　　　　中学の時にソフトテニス部に所属し、料理とテニス、両方続けられる
　　　　教員になろうと思いました」

江浜：「教員になって、一番学んだことは何ですか？」

K先生：「一番は、生徒の目線に立って柔軟に対応すること、でしょうか？ただ、意識しないとできないと気付いたのです。自分の感覚で考えをあてはめるとだめで、生徒の置かれている状況を推測しなければ。生徒は、信頼している先生に対しては、見る目が違うことを知りました。是非、信頼される先生になりたいです」

江浜：「これから身につけたいことは何ですか？」

K先生：「二つあります。一つは家庭科の教員として、授業力を高めること。
　　　　家庭科で生徒の自立を助けたい。もう一つは将来担任を持った時、生
　　　　徒の成長を支援できるスキルを身につけること。普段から他の先生方
　　　　を見て、見て学んでいます。」
江浜：「K先生のいつもにこやかで穏やかだけど、教育に対する熱い情熱を垣
　　　　間見ました。頼もしいです！これからも、応援しています！」

第4段階
STEP10相互授業参観

　　研究授業以外にも、授業を相互に見る時間を設け、先生同士がお互いに授業を
見る機会をたくさん設けました。授業を参観した後はグループごとに放課後など
を使って、フィードバックの時間を設けました。これまでは教科の専門性がネッ
クになり、全ての先生が授業について活発に意見交換を行うという機会はほとん
どありませんでした。その上、基本的に中学校は学年単位のチームで動くので、
学年が違う教員とは話す機会がなかなかありません。今回の研究では生徒の学び
を、教科・学年を越えて全ての先生と話せ、お互いの考えを共有することができ、
それぞれの教師が普段何を大切にして授業をしているとか、実際に現在困ってい
ることなど、お互いに対話をする機会が増えてきました。

　　生徒たちも日頃は担当してもらっていない先生が授業参観に来られたり、部活
動の先生に授業での様子を褒めてもらったりして、とても嬉しそうでした。相互
授業参観を行ったり、研究授業を行ったり、学んだことを実際に授業で工夫して
取り入れたりする過程で、いつの間にか、学校は生徒だけではなく、先生も学ぶ、
という組織文化に学校がシフトしました。教員全員が「生徒にできるだけ個別最
適な授業を提供することで生徒の学びを支援する」という共通の目的をもつこと
で学校組織に少しずつ一体感がうまれていきました。

　　同時進行で、「生徒を中心にした学校運営への理解」も進みました。もともと
生徒たちを大事に考える先生方ではありましたが、やはり前例主義に乗っ取られ
るもともとの教員文化の影響もあり、なかなか変わらない場面もありました。授
業観察の中で「様々な生徒がいる」「クラスの団体の中でも個別に生徒を観察す
る」という方法を身につけたこともあり、その時々で決定を伴うときに「生徒の
ために何が必要か」「生徒の学校生活を充実させるにはどんな環境が必要か」に
議論の軸をあわせ、前例主義ではなく、ゼロベースに物事を考えるようになって
きました。インクルーシブ教育が推進しやすい考え方に変化してきたように感じ
ます。実際にLGBTQの生徒への配慮も含め、全生徒に対して制服を選べるよう
に配慮するなど、比較的すんなり変化があったように感じます。

　　このように教師の組織文化が変化する土壌は、やはり管理職のお力が一番大き
いです。管理職が生徒の学びと同様に教員の学びも大事にしてくださったことが、

今回の教師の考え方の変化、実際に教員組織が変化したことに直接つながったと確信しています。

STEP11 子どもたちにも先生たちの協働的な学びを報告

　　毎回、研究授業の終わった次の全校集会で、校長先生と研究主任から、研究授業を提供してくださった生徒さんたちと先生にお礼を申し上げました。私からは、「研究で先生たちもみんなと同じように学んでいるんだよ」「先生たちはみんなの学びを大切にしたいんだよ。」というメッセージを送りました。教員同士が日頃から授業を参観しあったり、同じ目標を持って協働的学んだり、少し緊張しながらも研究授業を行う様子を実際に見て、肌で感じ、生徒も学ぶことの大切さを感じてくれたようです。

　　今回の研究にあたって、研究のマスコットを生徒から広く募集しました。そして選ばれたのが左の「ふくちゃん」です。当時1年生の生徒がデザインしてくれました。このマスコットは2年間の研究中、ずっと私たち教員の心の支えになってくれました。ありがとう、ふくちゃん！

研究発表にご参加いただいた他校の先生のご感想

「MIを活用することで、一斉授業形態においても個別最適な学びの学習支援が可能になるか？」という問いに対して、授業見学等を通して、感じたことをお書きください。

・可能であると思います。個別の課題を各自取り組むことが個別最適な学びではなく、個性を活かし合いながら自分の得意を他者へ自分の苦手を他者から授受し合うことも個別最適な学びだと思います。MIの理解と活用は、そのような学びを実現させる有効な手立てとなると感じました。

・一人の教員が実戦するだけではなく、学校全体で取り組み、目指されていた方向性がよく伝わりました。全教員の共通認識のもと学校全体で実践できると、かなり可能だと思います。

・MIを活用することで、子どもたちの学びの選択肢が広がると思いました。一人一人の得意が数値化されると、どのように授業を展開していくか参考にできます。学級の大まかな傾向も把握でき、適切な個別指導もしやすくなると思いました。

・MIの結果を生徒が正しく理解して、個別の学習をデザインすることへの可能性を感じた。一斉授業と個別学習の双方からアプローチすると一斉授業におけるMIの活用は大きなツールになると感じた。一人でも大勢の生徒を見ることもできると思う。

・実際に生徒たちの実感を伴って成長につながっており、授業を見てもその効果は明白でした。教師がMIを活用できるようになるには苦労もあるでしょうが、指導力を大きく向上できるのではないかと感じました。

コラム

MIに関して実践していく中での質問コーナー

・全ての生徒に考慮してMI特性によってワークシートを分けることも必要かと思いましたが、そうすると教師の大変な準備が必要だと感じた。どのように準備すれば良いのでしょう？

　教師の負担のない程度で大丈夫です。私たちは3パターンを目安に準備していました。実際に先生が標準的に作るものをBパターンとするとAパターンはもっとできる子ども用にはしごがけを減らし、Cパターンはもっと支援が必要な子ども用にヒントを増やす感じで作成していました。

・授業改善を学校全体で行う場合、「これだけは全体の共通認識でやった方が良い」ことは何ですか？

　ポイントは2つだと思います。1つめは生徒に「できそう」「楽しそう」と言ってもらえるような授業で、2つめは授業で身につけたい力を明らかにすることです。

・集団内にリーダーとして話し合いを進められる生徒がだれもいない場合はどのように支援したら良いですか？

　全教科で協働的な学びをやっていたら生徒に力がついてくるのは確かですが、はじめのうちは教員の支援が必要です。教員のファシリテーション力をまね、生徒に力がついてくると思います。

2.3 MI 授業実践例

（1）3年生英語：スピーキング能力の育成

授業の概要	MI 特性に合わせて、入力、情報処理、出力を工夫し、生徒たちが苦手なスピーキング力と英作文力を育成した事例)
単元名	Lesson5 Stevie Wonder － The Power of Music TOTAL ENGLISH（学校図書）
単元目標	学習指導要領：（3）話すこと［やり取り］ イ　日常的な話題について、事実や自分の考え、気持ちなどを整理し、簡単な語句や文を用いて伝えたり、相手からの質問に答えたりすることができるようにする。
このクラスの MI 特性	 得意な MI：音楽・リズム　　身体・運動　　対人 伸ばしたい MI：論理・数学　　内省
支援のヒント	様々なＭＩを使った活動
キーワード	得意なＭＩを使って、様々なＭＩとはしごがけで使用

ルーブリック評価

	自分の意見を言う	相手の質問に答える。	相手に質問する。	Visual aids
A	スティビーワンダーについて自分の考えや気持ちを理由も説明し、十分な情報量で話すことができる。	質問の意図を理解し、相手が分かるように、相手の立場に立って相手が理解できるように、具体例を付け加えながら十分な情報量で質問に答えることができる。	グループで話している他の人の質問や答えの流れに関連した質問をすることができる。	相づちをうったり、自然なジェスチャーをつけ、聞き手や話し手の目を見て、堂々と発言することができる。
B	スティビーワンダーについて自分の意見を言うことができる。自分の意見の理由付けが不足してはいるが、発言の趣旨は理解することができる。	質問の意図を理解し、概ね相手の質問に答えることができる。理由付けが不十分で時々不明瞭なところもあるが、概要を理解し、答えている。	グループで話している内容とは異なるが、相手に伝わるように、質問することができる。	相づちやジェスチャーを自然にすることができる。
C	スティビーワンダーについて教科書に書いてあることをそのまま言うことができる。	キーワードはしっかり捉え、完全な文ではないが、答えている。	文法は不完全だが相手に質問することができる。	時々、うなずいたりすることができる。 何らかのジェスチャーが使えている。

単元の全体の進め方　MI　ホイール

◯…得意なこと

①ナレーターになったつもりで英語のイントネーションに気を付けスティービーワンダーの人生を読む。スティービーワンダーが書いた歌詞から好きなものを選び、翻訳家になったつもりで日本語訳にしていく。

言語・語学的知能

音楽・リズム的知能

⑤スティービーワンダーの曲で好きな曲を何回も聴いてみる。実際に歌ってみる。リズムマシンに合わせて英文を覚えていく。

②4つの絵の中から違う絵を一つ選びその理由をいう活動を行う。「自分の意見＋その理由」「自分の尊敬する人＋理由」の練習をする。

論理・数学的知能

身体・運動的知能

⑥本文の内容を理解するために紙芝居を作成したり、劇をしたりする。クイズを出すときにジェスチャーを使って相手にヒントを出す。

③スティービーワンダーの人生を時系列に並び替え年表にしてみる。インタビューを円滑にする表現を集め、まとめてみる。

博物学的知能

視覚・空間的知能

⑦教科書の文に沿って、読まれた文を使って、カルタを行う。読まれた英語を聞いて時系列に絵を並び替える。スティービーワンダーの実際の映像を見る。

④もし自分がスティービーワンダーのように盲目で生まれたら、どのような人生を送るか考えてみる。自分の人生で大切にしたいことは何かを考えてみる。

内省的知能

対人的知能

⑧インタビュワーとスティービーワンダーに分かれて実際にインタビュー活動を行う。授業の前に英会話の時間を設定し、決められたトピックで英語で話す練習をする。

本田、2010より引用

単元指導案　主軸のMI：対人的知能

MI の授業後の実態の変化

時	目標	学習内容・学習活動	使うMI・注意点
第1時	・実際のスティービーワンダーの映像を見て簡単な英語で感想を述べる。	・We are the world の実際の収録風景を見る。 ・スティービーワンダーが東日本大震災で日本人に送ったメッセージを見て感想を書く。	・視覚／空間 ・言語／語学 ・音楽／リズム 4人1組で活動し、表現のヒントカードが必要な生徒は取りに来る。
第2時	関係代名詞を使って、①写真の人物を紹介できる。②今後できてほしい道具についての絵を見て、説明できる。	・関係代名詞（who／which）を使ってペアや班で説明。 ・写真の内容を関係代名詞を使ってペアで説明する。 ・関係代名詞の文構造についてどのような機能があるか推測する。	・言語／語学 ・視覚／空間 ・論理／数学
第3時	スティービーワンダーの生い立ちを読んで理解できる。	・英語を聴いて、スティービーワンダーの人生が書かれたカードを並び替える。 ・カードに書かれた絵を英語で言い、カルタ取りをする。 ・カードを見て英語で説明できる。	・言語／語学 ・視覚／空間 ・論理／数学 2人1組で活動し、お互いに助け合う雰囲気で行う。
第4時	スティービーワンダーの生い立ちとターニングポイントを英語で説明できる。	・スティービーに実際に起こったことを年表や紙芝居にしてまとめ、英語で発表する。	・言語／語学 ・視覚／空間 ・身体／運動 ・論理／数学

			紙芝居・劇・年表など生徒が選んで実施する。それぞれやりたい人同士で新たにグループを組む。全員が誰かと組めるように配慮する。
第5時	スティービーワンダーの生い立ちとターニングポイントを英語で説明できる。	・第4時の発表を行う。 ・それぞれの班へどのように感じたか、ポジティブなフィードバックする。	・フィードバックは英語でも日本語でも選ぶことができる。
第6時	1980年と1985年にリリースされたスティービーワンダーの曲を通して、彼の活動について理解できる。	・実際の曲を聴き、感じたことを言い合う。 ・スティービーワンダーの曲の中から好きな曲を選び、選んだ理由を述べる。 ・意見＋理由をセットで言えるようにする。	・言語 / 語学 ・論理 / 数学 ・音楽 / リズム ・内省 ・曲選びはあらかじめ自分の家で行う。
第7時	スティービーワンダーが曲を通してどのようなことを伝えたいのか英語で言うことができる。	・インタビュアーとスティービーに別れて、インタビューを行う。	・言語 / 語学 ・論理 / 数学 ・音楽 / リズム パートナーと協力して、どのようなインタビューにするか考える。
第8時	会話を円滑にする表現を自分なりにまとめ、ワードウォールにする。	・6時間目の活動を振り返り、言いたかったけど言えなかった英語を調べる。 ・「便利な表現集」としてまとめ、	・言語 / 語学 ・博物学
第9時	ナレーターになったつもりでスティビーワンダーを紹介することができる。スティビーについて自分が思うことを言うことができる。	・4人チームに分かれ、紹介する人 / 聞いて質問する人で行う。	・言語 / 語学 ・内省 次回のパフォーマンステストの練習にもなるので、苦手な生徒を中心に観察する。
第10時	スティービーワンダーに関する文を聞いたり読んだりして、考えたことや感じたことその理由などを、簡単な語句や文で伝え合う。質問しあうことができる。	・4人1組でチームを組み、パフォーマンステストに挑む。 ・あらかじめリーダーを1人決め、全員が話す機会があるように配慮する人を決定しておく。	パフォーマンステスト実施日となる。 全て録画をして1人の教員が同じルーブリックで評価を行う。
第11時	個人内評価	・テストを振り返り、頑張ったところ、これから伸ばしたいところを確認する。 ・生徒が書いたものに、教員から1人1人簡単なフィードバックを行う。	・内省
第12時	関係代名詞の用法について説明できる。	・関係代名詞にはどのような機能があるだろうか。説明方法を考える。	・言語 / 語学 ・博物学 ・論理 / 数学

①ペーパーテストで書かれている英語の変化

この単元の学期末のペーパーテストで次のような出題をしました。

> 「あなたがスティービーワンダーだったら、と仮定します。現在の世界の状況から、世界中の人へのメッセージとして、どのような手紙を書くでしょうか？自分なりに考えて書きましょう。」

その結果、MI の授業を受けている生徒と MI の授業を受けていない生徒（過年度）に大きな特徴が出ました。MI の授業を受けてない生徒は、教科書の内容を暗記し、そのまま書いているものが多かった（写真 1）のですが、MI の授業を受けている生徒は自分なりに考えて（恐らくスティビーワンダーの気持ちになって）自分の言葉で書いている生徒が多かったです。（写真 2）。

> MI の授業を受けていない生徒

I released the song for people who have difficulties. In 1970, I had a car accident and almost died. I was very hard.
So, I will make the song for them. And, I want to make the world better.

> MI の授業を受けた生徒

I think that we are the one. We don't have any different points. If you see people who have difficulties, you should cheer them up. When you see people who need helps, you must help them. To help each other is very important for us.

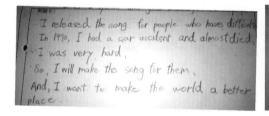

写真1

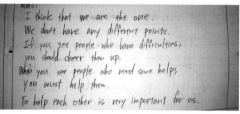

写真2

②英会話テストの点数

　学期末のテストとは別に、成績に入れない英会話テストを、実施しました。そこでも MI の授業の効果が見られました。

	ベースライン期	英会話テスト1	第一期	英会話テスト2	第二期	英会話テスト3
1組	通常の授業	事前	実施10回	効果	通常の授業	効果の継続
2組	通常の授業	事前	通常の授業	比較群	通常の授業	比較群
3組	通常の授業	事前	通常の授業	比較群	通常の授業	比較群
4組	通常の授業	事前	実施10回	効果	通常の授業	効果の継続
5組	通常の授業	事前	通常の授業	比較群	通常の授業	比較群
6組	通常の授業	事前	通常の授業	比較群	通常の授業	比較群

MI実施群は上の線、MIを実施していないクラスは下の線になります。英会話テスト1回目ではほとんど変わらなかった点数が2回目で開き、3回目でもそれを維持することがこの研究で分かりました。

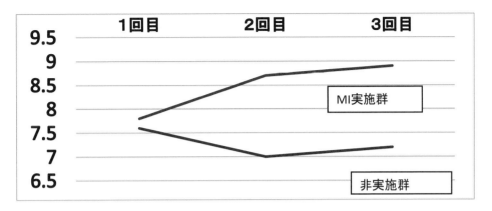

③A君個人の英会話テストの結果

A君は英語が苦手な生徒で、1年から2年までずっと、英語の成績は3です。3年生になり、行きたい高校も既に決まっていて、なんとか英語の成績をあげようと努力はしたのですが、英語の文法書を買って読んでもちっとも頭に入らない、モチベーションも上がらない、と悩みを打ち明けてくれていた生徒でした。右図は彼のMIです。英語に自信もなく、スピーキングテストは、特に苦

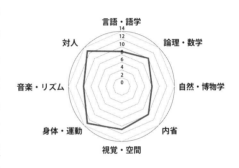

手でした。このA君ですが、MIの授業を受け、英会話の3回のテストで、3回目の点数が飛躍的に上がりました。そして、英語の成績も上がりました。なぜなのか、彼にインタビューを行いました。

> もともと、英語には苦手意識があり、自信もなかった。今回授業で、色々な活動を通して英語の表現をパートナーや班で協力して練習したり、会話を円滑にする表現を自分なりにまとめて、自分なりの表現集にしたり、「自分の意見＋その理由」を公式と意識して練習したりしたら、なんとなく自信が出てきて、間違ってもいいので言ってみようとか、とりあえず自分の意見を言うことは勇気のいることだけど、色々なクラスメイトと共有して、楽しいことだとわかった。そこから英語の勉強が楽しくなりました。

（授業提供者：江濱悦子）

（2）1年生社会

授業の概要	世界の気候と自然についての知識を学習した後、MI特性をミックスしたグループをつくり、「気候の特性を生かしたコンビニで売る製品を考える」という既知の知識を応用した授業です。学習した雨温図などの既習の資料を読みとって、それぞれの地域で、「コンビニの店長だったら、何を売りますか？」という問いにグループで取り組んだ授業です。普段はとてもおとなしく、このクラスで研究授業をして大丈夫かと授業者は同僚の先生に心配されるほどでしたが、この日は生徒の脳が活性化して、多彩なアイデイアが出て、参観に来た先生達は皆さんとても驚かれていました。
単元名	世界のさまざまな地域人々の生活と環境（地理的分野）
単元目標	・人々の生活はその生活が営まれている場所の自然及び社会的条件の影響を受けていること、また人々の生活が自然や社会的条件に影響を与えていることを理解できる。 ・世界各地における人々の生活やその変容を基に、世界の人々の生活や環境の多様性を理解できる。 ・世界各地における人々の生活の特色やその変容の理由をその生活が営まれている場所の自然及び社会的条件に着目して多面的・多角的に考察できる。
本時の目標	既習の気候帯とそれが人々の生活に影響を与えることを踏まえて、各気候帯でコンビニエンスストアを経営する際、売れる商品は何かを気候を根拠として考えることができる。
班の作成	ミックスしたMI特性。博物学が得意な生徒をグループに1人は入れる。
このクラスのMI特性	MIの分析結果の右脳と左脳の数値を比較すると、右脳の数値が高い生徒が多い。「身体・運動」「音楽リズム」「論理・数学」の数値が高い生徒が比較的に多く、「内省」「言語・語学」「自然・博物学」の数値が低い生徒が比較的多い。
支援のヒント	授業内で生徒が発言する際には、直感的に答えられる発問には積極的に答えられるが、背景や理由など根拠をもとに答える発問には答えられない生徒が多い。 本時は、生徒それぞれが得意な知能を生かし、苦手な知能を補えるようにしていくために、それぞれの得意な知能を発揮できるようにグルーピングを工夫し、様々な知能特性をもった生徒同士でグルーピングを行った。 先生は3つのヒントを使用するように指示。（ヒント1「雨温図」ヒント2「教科書の写真や資料」ヒント3　先生が準備した「生活の様子が分かる写真」）自分の得意なMIでヒントを選び活用。
キーワード	得意なMI特性を活かせるような資料の準備

まず、最初個人の考えを付箋に書く時間がありました。そのあと、考えを共有する時間になり、みんなでわいわいガヤガヤ、楽しそうに協働学習を進めていました。生徒はこのとき、学びのアクセルが全快になっていました。自分たちの知識を応用した学びであり、突拍子のないものではなく、授業で学んだデータを見ながら実際の生活も加味して、売る製品を厳選していました。時々参観している先生たちに理由を追究されることもありましたが、堂々と応答していました。

さて、発表の時間になり、班員が全員前に出てきて、発表を始めました。班の中には発表前に実際に、コンビニエンスの店長になりきって、「いらっしゃい、いらっしゃい。さ

あ目玉の商品を紹介するよ〜」と大きな声で客引きの掛け声をあげ、発表する生徒も見られました。話し合い活動だけではなく、発表もそれぞれの得意なMIをフルに使って学ぶ生徒の姿がとても印象的でした。

話し合いの場面です。寒帯の班を見てみましょう。

	得意なMI	苦手なMI
A	対人、音楽、言語	論理、視覚、内省
B	言語、音楽、博物学	内省、論理、対人
C	論理、身体、音楽	対人、視覚、内省
D	視覚、論理、身体	博物学、内省、言語
E	音楽、論理、対人	博物学、内省、視覚
F	身体、音楽、対人	論理、視覚、言語

まず生徒は「飲食」について話していました。
「寒いから温かい飲み物が売れそう。コーヒーとか、ココアとかどう？」
「うん、いいね」
「お持ち帰りのおでんはどう？寒い日はおでんでしょう？」
「鍋とセットにして売ったらどう？帰ってすぐ温めなおす方がおいしいでしょ？」
「うん。トナカイの肉はどう？トナカイ肉のかぶり丼」
「それなら、トナカイの服はどう？トナカイも寒いでしょ？」
「え？トナカイの服いいね。でも、それなら、人間の服の方が先に必要じゃない？」
「服」の話に移りました。
「動物の毛皮があたたかくて、売れそう」
「毛皮は何の毛皮かな？どんな動物がいるか調べるね」
「他に何を書いた？」
「寝袋が売れそうだと思うけど」

次は、乾燥帯の班です。

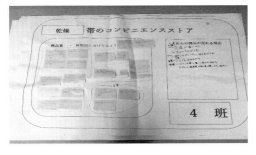

	得意な知能	苦手な知能
A	博物学、視覚、言語	身体、論理、内省
B	身体、音楽、対人	内省、言語、博物学
C	論理、対人、言語	視覚、内省、音楽
D	視覚、論理、音楽	対人、内省、音楽
E	音楽、言語、対人	視覚、論理、身体
F	身体、音楽、言語	論理、博物学、内省

「やっぱりあたたかいから、冷たい飲み物が売れるよね」
「オアシスの天然水はどう？おいしいお水が好まれそう」
「冷たいアイスクリームが売れるよね。サボテンのアイスはどう？」

「ご当地アイスか〜」

「シャーベットでもいいよね」

「青果物も売れそうな気がする」

「家電はどこでも涼める小型の扇風機が売れそう」

「あれ、涼しいね。冷やし中華でしょう。さっぱり、食べられるから」

「でも夜は寒いんだよね。寒暖差があるから夜はおでんが売れるかも」

「日差しを防ぐ、日傘は絶対だよね。服がきれいに見える日傘がいいな」

評価基準

知識・技能	思考・判断・表現	主体的に学習に取り組む態度
・人々の生活はその生活が営まれている場所の自然及び社会的条件の影響を受けていること、また人々の生活が自然や社会的条件に影響を与えていることを理解している。 ・世界各地における人々の生活やその変容を基に、世界の人々の生活や環境の多様性を理解している。その際世界の主な宗教の分布についても理解している。	・世界各地における人々の生活の特色やその変容の理由をその生活が営まれている場所の自然及び社会的条件に着目して多面的・多角的に考察している。	・世界各地の人々の生活と環境について、よりよい社会の実現を視野に、そこで見られる課題を主体的に追究しようとしている。

（2）ルーブリック評価

	思考・判断・表現	主体的に学習に取り組む態度
A	どうしてその商品が売れるのか、雨温図の気温や降水量の月ごとの変化、写真から人々の生活を読み取ったことを根拠にして付箋に自分の考えを表現することができる。	多様な視点をもって三つ以上のカテゴリーの商品案を付箋に書き、提案している。
B	正しく理解し、その地域で商品が売れるものを判断することができる。	商品案を出しているが、1〜2のカテゴリーの商品案を提案している。
C	諸資料から読み取ったことの根拠はないが、今までの経験から、気候帯で売れる商品案は書くことができる。	商品案を自分では出していないが、他の人のアイデイアを熱心に聴いている。

（3）指導の流れ

		学習内容・学習活動	指導上の留意点・配慮事項	働きかけるMI
導入 （10分）		・教師が本時の流れを説明する。 「もしも○○中の1年C組がコンビニエンスストアの店長になったら」 前時に分けたグループと担当する気候を確認する。 （先生から一人ずつ赴任先の辞令をもらってる） ・コンビニで売っていない商品を確認する。	・教師はコンビニエンスストアの定義について確認する。 1. みんなの近所にある。 2. 24時間営業している。 ・パワーポイントでコンビニエンスストアの写真を出して具体的なイメージもたせる（視覚・空間）	言語 視覚
展開 （30分）		・まず、個人で担当の気候のコンビニエンスストアで売れる商品について考える。 ・グループに分かれ、班の中でそれぞれの意見を発表する。	・売れる商品を考え、商品名、商品が売れる理由を付箋に書くように指示する。 ・生徒が思いつかない場合には、教卓にあるヒントカード①〜③を取りに来るように指示する。 ・ヒントカードは、各気候の写真であり、必要な時に見られるようにしておく。	内省・ 言語・語学・ 論理・数学 対人・ 身体・運動 自然・博物学

	・生徒にはワークシートに商品案の付箋を貼らせる。班の中で商品案を分類する。 ・それらの商品が売れる理由をワークシートにまとめさせる。	・教師は各班に拡大したワークシート用紙をあらかじめ配っておく。	言語
まとめ （10分）	・各班で発表者を決め、熱帯、乾燥帯、温帯、亜寒帯、寒帯、高山気候の順に班の中で出てきた商品とその商品がどうして売れるのかについて発表する。	・発表時間を意識させるため、タイマーを使用する。	対人・言語・語学・博物学

（授業提供者：遠藤光太朗）

研究新聞

第2号
発行
研究推進委員会
○○○○

安心
信頼

雨温図から地域の特徴を考える

各国のコンビニ店長になったら…

今回の研究授業では、授業で学んできた世界各国の気候や自然・社会的条件の内容を踏まえて、各気候帯地域で「自分がコンビニストア店長だったら」と想定して、グループで商品を考え発表するという活動を行いました。

■先生は、生徒たちの知能傾向・SST（ソーシャルスキルトレーニング）での活動の様子を観察し、念入りにグルーピングを検討した上で、授業に臨みました。

授業を行う1年C組は右脳数値の高い生徒が多く、とくに「身体・運動」「音楽リズム」「論理・数学」の得意な生徒比率が高い傾向にあります。そこで授業者が与えた授業者である

グループは生徒それぞれの得意な8つのMI知能をバランスよくグルーピングし、お互いの得意と不得意を補い合えるよう構成されています。

《得意な知能で課題に挑む》

生徒たちは各気候帯の雨温図や授業ノートを活用し、どのような商品が売れるのか個人・グループで考えをまとめるのか、考えカードとして各気候帯の写真が与えられ、自分たちの暮らしや各気候帯の人々の写真と比較され、置き換えながら、特徴を盛り込みながら、どんな商品の需要があきらめるのか、行錯誤している様子がみられ、試行しました。

早稲田大学の本田先生から頂いた講評として、うまく活動ができていれば、直感的な思考が先行し、班もいに出題に対していない状態にある生徒も見だし来たていまい課題に対して深く考えることがまた今回の研究授業において雨温図や写真の資料を読み解くために必要で「視覚・空間」「内省」の能力があり、またグループでお互いの意見を認め合って意見を交換できる関係作りが大変重要だと述べられました。

生徒が考えを深めていく流れを作り出すための、教師の声掛けやグループでの活動の仕方などをアドバイスすることで、生徒たちの繋がりが深まることが期待できると今後の課題についてご指導を頂きました。

授業を終えて　遠藤先生インタビュー

研究授業をやってみて良かったことは、普段静かな子が自分の意見を発表していたこと。また反省点と人して、各グループや個人に対応した声掛けが十分にできていなかった。今回の視野の狭さを痛感し、今後の学級活動で、生徒が主体的に活動もできるようになるといいと思う。しきっかけになるといいです。

○○編集後記○○

今回の研究授業を前に、自分の担任クラスということもあって不安もしない面持ちで授業観察をしていました。ですが普段発言や活動であまり積極的になれない生徒が活躍し、学んだ事を活かす姿に感動し、生徒たちと同じくらい学びや発見の多い授業でした。

《次回の研究授業は…》

次回7月9日（金）の研究授業は、国語科の■先生に担当いただきます。研究授業にあたり、■先生に内容の一部をお聞きしました。

「人工知能に心は宿るのか」をテーマに、人工知能に関する2つの文章を読んだ上で、考えを作文にまとめるという内容だそうです。

次回も生徒たちが授業のなかでそれぞれの能力を発揮してどんな学びの様子を繰り広げるのか楽しみです。

研究推進委員会は、校内の研究授業が終わると、毎回「研究新聞」を出しました。授業者がどのような気持ちで授業をしたのかを生徒と共有し、また「博物学知識」を活性化し、復習に役立てることを目的にしました。

（３） ２年生保健体育

授業の概要	２クラス合同、女子のみの授業です。MI特性混合グループを編成し、授業は、「ゲーム実践＋振り返り」がメインです。生徒は、試合をタブレットで録画し、プレーを振り返りながら、次のゲームのグループ配置を決めたり、作戦を練り直したりと協働で学びあい、目標となるスキルの獲得を目指す授業です。活動は全て生徒が自主的に行えるようにしてあり、生徒は「ルーブリック」に基づいて、目的となるスキルの演習を行っていました。教師はグループごとに進捗状況をチェックするだけで説明や指示はほとんどありません。
単元名	E．球技　ゴール型（ハンドボール）
単元目標	・攻撃を重視し、空間に仲間と連携して走り込むなどの動作によって、マークを躱してゴール前での攻防を展開することができる。 ・ハンドボールの学習に積極的に取り組むとともに、健康・安全に気を配ることができる。 ・ハンドボールの特性や成り立ち、技術の名称ややり方、試合の行い方について理解することができる。 ・課題に応じた運動の取り組み方を工夫するとともに、自分や仲間の考えたことを他者に伝えることができる。
本時の目標	・チームで目標を決め、目標達成のための話し合いを行うことができる。 ・攻撃では、仲間と連携しながらパスやドリブルを用いてシュートを打つことができる。 ・守備では、仲間と連携して相手をマークすることができる。
班の編成	ミックスで、それぞれのMI特性がバランス良く配置されるように編成。必ずどのグループにも「身体・運動」「視覚・空間」のMIが高い生徒を1人は入れるように工夫。
クラスのMI特性	得意なMI：「音楽・リズム」「身体・運動」「対人」「内省」 苦手なMI：「博物学」

	言語・語学	論理・数学	自然・博物学	内省	視覚・空間	身体・運動	音楽・リズム	対人
	文章の読み書き	分析したり、道筋を立てる	情報を集めたり整理する	1つのことを、深く考える	絵や図で理解する/表す	体を動かす物を作る	様子や場の雰囲気を感じる	人と一緒に何かをする
16~13	7	8	7	13	8	10	21	8
12~9	22	20	17	21	23	24	19	23
8~5	13	14	8	8	11	8	2	11
4~1	0	0	3	0	0	0	0	0

支援のヒント	「身体・運動」「対人」「内省」を得意とする生徒が多いので、「身体・運動」「対人」の能力を生かし、実際に実技のお手本となったり、苦手な生徒へアドバイスを行う一方、運動が苦手な生徒も、内省能力を生かし、自分たちのチームメンバーが効率よく動けるようにするにはどうしたらよいかを考え、全ての生徒が自分のできることを見つけ、前向きで意欲的に取り組めるようにMI特性を活かしたグループ編成を行いました。
キーワード	協働的な学び・PA（プロジェクトアドベンチャー活動）・生徒の自立的な学び・MI特性で協働的な学びを促進・生徒の学びを促すルーブリック評価

　　休み時間には生徒全員の集合が完了し、授業の始まりと同時に授業者が本時の目標と授業内容を確認しました。その後生徒はすぐに班に別れ、いつも行っているウオーミングアップを開始しました。「グーグーパー　コツコツ　せーの　アイーン」という楽しい掛け声のもと、リズムにのってボールを投げ始めました。得意な「音楽・リズム」「身体・運動」の能力を生かしながら、この

練習を毎時間設定したことで授業者のボールに慣れ、ボールを安定して扱えるようにするという狙いどおり、非常にテンポ良く、テキパキと動く生徒の姿がありました。

生徒の得意な「音楽・リズム」を利用してこのような掛け声を付けることで、二つの効果を期待しています。

　一つは、ボールを投げる時に、肘が肩よりもあがるようにすること。もう一つは、ボールを投げる前にいったん動作を止める動きを取り入れ、全体の動きがスムーズになるようにすることです。体の動きを分解し、何が起こっているのか、なぜそのような動きが必要なのか理解してもらうために、一連の動きを細切れの動きにして、動作を言語化しています。この掛け声で動きがスムーズなった、と生徒は話していました。言葉でどんなに説明しても理解しにくいが、得意な「音楽・リズム」で動きがスムーズになり、どの生徒も楽しそうに基礎練習を行っていました。

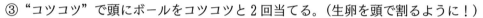

“グーグーパー　コツコツ　せーの　アイーン！”
①ボールを送る相手を見て、“グーグー”でジャンプを2回する。
②“パー”で両手両足を開いて横を向く。（利き手が相手と反対になるように横を向く）
③“コツコツ”で頭にボールをコツコツと2回当てる。（生卵を頭で割るように！）
④“せーの”で相手側にある足を上げて、着地の時につま先を相手側に向ける。
⑤“アイーン”でボールと反対の手をアイーンのポーズのように引き、腕を振り下ろして、ボールを投げる。

授業者作成「学習のしおり」p3【基本の投げ方】より

　さて、授業のメインのミニゲームが始まりました。ミニゲームはこの日2試合計画され、1試合の内容は前半4分、間に作戦会議3分、後半4分で実施されます。

　1班の作戦会議をのぞいてみましょう。
　1班のメンバーは以下のとおりです。

ゼッケン	得意なMI	苦手なMI	技能
1	博物学、視覚	リズム、対人	△
2	論理、博物学、内省	言語、視覚、対人	○
3	言語、対人	博物学	×
4	身体、視覚、言語、論理	対人、内省	◎
5	視覚、内省、リズム	対人	△
6	視覚、博物学、論理	内省	×
7	対人、内省	言語、博物学、視覚	○

　「ボールばっかりみて追いかけ、みんなだいたい同じところに固まっていたよ。うまく空いている空間を見つけて、ボールパスを待っているのに、ボールが来ないことが結構

あったよ」

（タブレットでその瞬間の写真を撮って、班員に見せる）

「あら、本当だ。だめだね」

「ボールを持っていると、空いている空間にいる人が見えないんだよね。どうしようか。どうしたらよいかな？」

「声をかけあったらどう？外にいる人も含め、声をかけあったら、どう？」

「声をこんな感じに変えてみたらどう？」

「うん、声が変わると意識しやすいかも。やってみよう」

　仲間同士が適切に離れるように工夫する、声のかけ方の工夫をすると決めたこの班は、後半の試合で自分たちの作戦どおりに動いていました。

　B班を見てみましょう。B班のメンバーは以下のとおりです。

ゼッケン	得意なMI	苦手なMI	技能
1	対人・内省	言語・博物学・視覚	○
2	言語・対人	博物学	○
3	視覚・内省・リズム	対人	△
4	論理・博物学・内省	言語・視覚・対人	○
5	身体・視覚・言語・論理	対人・内省	◎
6	視覚・博物学・論理	内省	×
7	博物学・視覚	リズム・対人	△

「試合の後半投げ方が雑になっているよ。基本の投げ方で投げていない」

「どうやって投げてる？」

「下投げしている。上から投げていないから相手にカットされやすくなっている」

「疲れるとそうなっていると思う。次の試合、気を付けるね」

（ボードを見せて）

「相手の点の入れ方を分析したよ。Aさんのロングパスから、結構Bさんが入れてる。うちは、ロングパスのできるCさんがボールを持って、ロングパスできる時があるのに、そこに誰もいない」

「私たちの班も、相手の作戦を取り入れよう」

「うん、シュートのうまいDさんがゴールの近くのスペースに入りこむのはどう？」

「そうしよう」

「了解。できるだけゴールの近くにいるね。忘れてたら、みんな声をかけてね」

「ボールのカットはみんな、うまくいっているよ。この調子でいこう」

　C班を見てみましょう。

ゼッケン	得意な MI	苦手な MI	技能
1	リズム	内省、対人	◎
2	内省、リズム	博物学	○
3	リズム	言語、論理論理、博物学、内省	△
4	身体、リズム、対人	言語	×
5	リズム、対人	論理、博物学	△
6	身体、リズム	論理、対人	○
7	リズム	言語、論理	△

「途中カットが全然できなくなったね」

「私は、誰が誰をマークするのか、途中で分からなくなった」

「みんなバラバラだったね」

「もう一度マークする人を決め直そう」

「誰をやりたいか言っていっていこう・・・」

授業後の振り返りで、授業者が実施した事前のアンケートによると、このクラスでは60％の生徒が運動を苦手と感じる一方、83％の生徒が実技の授業が好きで、好意的に捉えているという説明がありました。これは授業者が日頃の授業から生徒達の得意な「音楽・リズム」「身体・運動」「対人」を活かし、実技が苦手な生徒にも「面白そう」「できるかも」と思えるような活動を授業で積極的に取り入れているからだと考えられます。

また、先生の指示は最小で生徒がたっぷり活動できる時間が確保されていました。指示待ちの生徒はおらず、支持はなくともそれぞれの生徒が自分で動いていました。あらかじめルーブリックが提示され、教師が最終的に何を評価するのか生徒は把握していました。（表1）また、ハンドボールの技術表も示されていて、ハンドボールの一つひとつの技術も個人でチェックできる様に工夫されていました。（表2）

見て理解する生徒、実際に体を動かして理解する生徒、班のメンバーとの話し合いで理解する生徒、同じ活動の中でもそれぞれ個人が持っている得意なMIを班全体で有効に活用して、学びの連鎖を起こしている様子を感じることができました。

表1 評価の目標

	関心・意欲・態度	思考・判断	技能	知識・理解
A（8割以上）	①（授業への取組み方）自ら進んで、声かけや助言をしたり、目標達成に向けて、積極的に行動・発言している。（観察）①（自己分析）自己分析を具体的・的確に記入している。（学習カード）②（安全管理）いつも率先して安全のための決まりを守り、仲間の安全にも配慮している。（観察）	①（自分の考えを仲間に伝える力）ボール操作やボールを持たない時の技術を身に付けるためのポイントやつまずきに自ら気付き、仲間にも伝えている。（学習カード、観察）②（課題に気付き、練習方法を工夫する力）自分やチームの課題が分かり、課題解決に必要な練習を、提示された練習から選んで行っている。	①（パスの技術）仲間の能力に応じて、仲間が扱いやすいパスを選択し、正確にボールを送っている。（技能テスト、観察）②（シュートの技術）ノーマークの状態を自ら作り正しいフォームで狙った場所にシュートを打っている。（技能テスト、観察）③（空間に走り込む力）空いている空間に素早く	①②（ハンドボールの特性や技術的なポイントに関する知識）ハンドボールの特性や、技術の名称、技術的なポイントについて、ペーパーテストで、8割以上正しく記述している。（ペーパーテスト）

		(学習カード、観察)	走り、仲間と連携して、ノーマークでパスを受け取っている。（観察）	
B（5割以上）	①（授業への取組み方） 教員や仲間からの助言を聞き、目標達成に向けて行動している。 ①（自己分析） 自己分析を部分的に的確に記入している。 ②（安全管理） 安全のための決まりを守っている。	①（自分の考えを仲間に伝える力） ボール操作やボールを持たない時の技術を身に付けるためのポイントやつまずきに気付いている。 ②（課題に気付き、練習方法を工夫する力） 助言を受けて、自分の課題が分かり、課題解決に必要な練習を行っている。	①（パスの技術） 仲間が扱いやすいパスで、ボールを送っている。 ②（シュートの技術） ディフェンスがいない状態で、部分的に正しいフォームでシュートを打っている。 ③（空間に走り込む力） 空いている空間に動き、部分的に仲間と連携して、パスを受け取っている。	①② （ハンドボールの特性や技術的なポイントに関する知識） ハンドボールの特性や、技術の名称、技術的なポイントについて、ペーパーテストで、5割以上正しく記述している。
C（5割未満）	①（授業への取組み方） 教員や仲間からの助言に応じず、目標達成に向けて行動していない。 ①（自己分析） 自己分析の記述が的確でない、または具体的でない。 ②（安全管理） 安全のための決まりを理解していない、または危険につながる行動をしている。	①（自分の考えを仲間に伝える力） ボール操作やボールを持たない時の技術を身に付けるためのポイントやつまずきを見付けられていない。 ②（課題に気付き、練習方法を工夫する力） 助言を受けても、自分の課題が明確にならず、課題解決に向けて取り組んでいない。	①（パスの技術） 仲間が扱いにくいパスで、ボールを送っている。 ②（シュートの技術） 枠内にシュートを打っている。 ③（空間に走り込む力） 空いている空間を見付けていない、空いている空間に走り込むことがまれである。	①② （ハンドボールの特性や技術的なポイントに関する知識） ハンドボールの特性や、技術の名称、技術的なポイントについて、ペーパーテストで、5割未満は正しく記述している。

表2　ハンドボール　レベルアップ表

パス

レベル１：ボールに回転をかけて投げることができる。

レベル２：ボールに回転をかけ、近くにいる仲間に投げることができる。

レベル３：ボールに回転をかけ、離れた場所にいる仲間に投げることができる。

レベル４：相手に合わせて、ボールの速さ・強さ・高さなどを工夫して投げることができる。

> 自分のレベルがどの位置にあるかを確認しよう！レベル2までは全員がクリアできるようになってほしいです！
> 学習カードや先生・友達からのアドバイスを参考にして、「今日の自分よりワンランクアップ」できるように頑張りましょう！

（授業提供者：小野楓）

コラム

PA 活動とは？

　この授業は PA 活動（プロジェクトアドベンチャー）がもとになっています。授業者は実際に１年生が行ったＰＡ活動を観察し、保健体育科の授業でも有効であることを確信して、実技の授業に取り入れました。ＰＡ活動を通して生徒は「自分や他者を大切にすること」「円滑なコミュニケーション方法を知ること」「ともに支えあう協調性・信頼関係を知ること」「リーダーシップの取り方について」等を学び、個人や集団で、課題解決の方法を身に付けられるだけでなく、できないことにもチャレンジする精神を養うことができます。

　また、ＰＡ活動は「Challenge by choice」の価値観を大切にしていて、①誰からもプレッシャーを与えられず、自分でチャレンジレベルを決めることができる、②本人の意思で決められ、絶対に他人を責めない、③お互いの人格を尊重し、けなしたりはしないで努力を最大限に評価する、④失敗する生徒がいても失敗を受け入れる姿勢を大切にします。

　（教員に対するＰＡ活動の研修で「学びの創造アカデミー」鎌田晴美先生から頂いた資料より）

　このＰＡ活動の価値観をベースに授業で協働学習を行うことで、生徒は「安心・安全」に学びを深めることができていました。

（4）2年生美術：創造的思考力を促す授業

授業の概要	先生がPCで作成した音源を聞いて想像した虫を絵に描く「創造的思考力」を促す授業です。音から映像をイメージして組み立てることがポイントになります。この授業は、右脳が強い子は優位ですが、左脳の子は躓きやすい課題です。そのための補助として、前頭葉が活性化しやすいようなワークシートを準備し、論理につながりやすいように工夫しました。個人の制作に入る前に、自分が考えたアイデイアをグループで共有し、グループの他のメンバーの問いを基に自分のイメージをさらに深化させるという授業構成です。
単元名	音から想像するものを具現化し、想像を広げよう 「音に姿を与えよう～音から発見！新種の虫、想像しました！！～」
単元目標	・他教科や生活の中で得た知識・経験とつなげながら、表現意図を基に色や形を意識して制作する。 ・想像した内容を単純化・省略・協調などを行い、思考を整理して他者に伝わるよう表現できる。 ・他者との意見や考えの違いを多角的に考察し、工夫して制作に取り組める。
本時の目標	自分の想像と向き合い、他者と共有しながら表現することができる。
班の編成	生徒の想像力を広げる目的で様々なMIをもつ生徒をまぜて編成。
このクラスのMI特性	得意なMI： 苦手なMI：
支援のヒント	右脳と左脳をつなぎやすくするワークシートの準備、様々な虫のイメージを絵にしたヒントカード。
キーワード	創造的思考力を促す。

これまでに生徒は「構成」や「情報の伝達」などデザインについて学び、ピクトグラム制作を行いました。この授業では、聴覚情報から想像・考察を行い、思考を整理しながらアイデアとして表象化する活動を行います。生徒の発想力や表現力を問うことで、今後の美術科目での重要な想像力や構想力、多様な表現を発想する力を身に付ける授業の位置づけです。

生徒が美術室に入ってきました。先生に指定された座席に座るように促され、黒板に貼られた座席表を見て席についています。生徒からはこの班でどうなるのかな？というワクワク、ドキドキの雰囲気が伝わってきました。

チャイムが鳴ると同時に、先生が手短にパワーポイントを使って本時の授業説明を始めました。

本日の生徒の活動は以下のとおりです。

---

① 「未知の虫の音声」を聴く。
② ワークシートに想像した虫の外見と暮らしについて　文字か絵で書（描）き出す。
③ グループで想像したものを共有する。
④ 本番用紙に「虫の絵」「虫の説明」を書く。
⑤ 最後にグループで音声を聴きながら作品の鑑賞をする。

本日の目標を知るとすぐに生徒は先生が作ったという虫の声を聴きました。虫の音が終わると生徒から一斉に大きな歓声が上がりました。このクラスの生徒には音楽・リズムの知能が高い生徒が多く、音を題材とした本授業において制作に取り掛かりやすく感じる生

徒が多いと想定されていました。予想どおりの反応でした。

生徒は右のワークシートを手に、聴いた虫の生態を想像していきます。音に対しての反応や想像ができても、想像したものを言語化・ビジュアル化することが苦手な生徒が多いことも想定していたので、想像し表現することを苦と感じないような手立てとして、ワークシートを準備しました。このワークシートの役目は右脳と左脳をつなげやすくする思考ツール（表などに考えを言語化する思考方法）です。

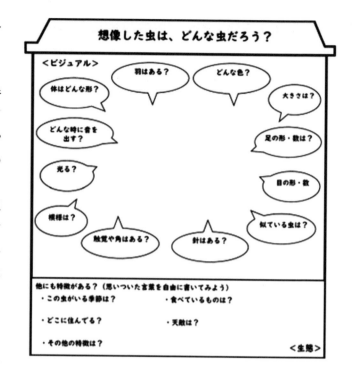

先生がもう一つ準備したものは、ヒントカード（虫の外見・模様、習性などが記載されているカード）です。どうしてもイメージが浮かばない生徒に、このヒントカードを見せて問いを投げかけながらイメージ作りを支援していました。

生徒のワークシートの使い方は多種多様でした。ワークシートで先生の提示している質問にすべて細かく応えていく生徒、質問を選んで応えていく生徒もいました。一方で先生の細かい質問には目もくれず、ひたすら自分のイメージした虫の生態を作家のように物語風に文章にしていく生徒もいました。音を聞いた瞬間に虫をイメージし、真ん中のあいているところに簡単なデッサンをしていく生徒もいました。見学している先生方は生徒が絵をイメージするまでの方法の違いの多種多様さに驚きを隠せないようでした。

ほとんどの生徒が集中して行う中、教科担当の先生は、なかなかペンが進まない生徒に個別に「お助けカード」を渡し、問いかけによって支援をしていました。

次にグループでの共有の時間です。班は、MI知能を混ぜて編成していました。

A班を見てみましょう。一人の生徒が自分の虫について説明すると、他の生徒からいくつかの質問がありました。細かいところが気になる生徒は、質問を受ける生徒が困るような質問を投げかけていました。質問を受けた生徒は、自分の虫の生態をもっと具体的にイメージして、ワークシートに書き加えていました。他者とのアイデア共有や情報交換を通して、さらなる創造活動を行う様子がわかりました。

「クワガタみたいに見えるんだけど、クワガタと何が違うの？」

「色が違うんだよ。虫の気持ちによって色が変わるんだ」

「へえ〜面白いね。おこったら赤くなるとか？」

「うん、人間っぽいクワガタなんだ」

「その環境が嫌になったら羽で飛んで違うところに行けるから、けっこう便利なんだ。そのための羽なんだ」

「へえ〜じゃ、ストレスなさそうだね」

B班を見てみると、なぜか似たような虫がたくさん描かれていました。一人の創造活動が他のメンバーに伝染して影響を与えたようです。

「ホワホワっていう音がしたよね」

「何か宇宙みたいな音に聞こえたけど」

「場所は宇宙ではないけど、宇宙人みたいな虫だよね」

「うん」

グループ学習が終わると、個別作業が始まりました。どの生徒も集中して作業を進めていました。授業の最初に先生から説明があった、虫を描くに当たってのルールがパワーポイントで示され（①虫のビジュアルを描く②虫の生態について文字で書く③色鉛筆で色を塗る）、生徒はそれらのルールに沿って、黙々と作業を進めていました。

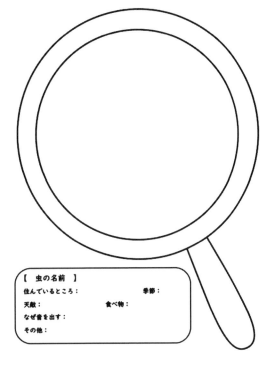

【　虫の名前　】
住んでいるところ：　　　　　　　季節：
天敵：　　　　　　食べ物：
なぜ書を出す：
その他：

「課題への取り組み方」「表現方法」が多様であるこのような授業では、教師はルーブリック評価を作成し評価をすることが大切です。

（授業提供者：村瀬彩奈）

	知識・技術	思考・判断・表現	主体的に学習に取り組む態度
A	ワークシートや制作の中で、虫の構造や生態などの知識・経験を活用し、自分の作成したい色や形を組み合わせる知識とスキルがある。	制作において、単純化・省略・協調などを行いながら、想像したものを整理して、他者に伝わるように表現している。	話し合いや共同制作において、自分のアイデアと他者の意見やアイデアの共通点・違いについて考え、様々なアイデアを組み合わせたり、じっくり深めたり工夫して制作に取り組んでいる。
B	ワークシートや制作の中で、自分の作成したい色や形は、教科書や参考資料のどの情報を見ればよいかを理解している。	制作において、既存の虫を組み合わせたり、まとめるなどして表現している。	話し合いに積極的に参加し、制作を楽しみながら取り組んでいる。
C	ワークシートや制作の中で、教科書や参考資料で提示された通りには作成することができている。	制作において、既存の虫を参考に描いている。	教師や他者に促されながら、話し合いや共同制作に参加している。

A：十分満足できる状況　　B：概ね満足できる状況　　C：努力を要する状況

最終的に生徒の作品からは、以下のような作品が提出されました。

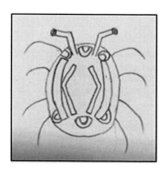  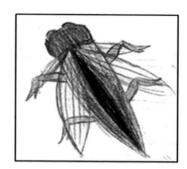

（5）3年生音楽：

授業の概要	日本の伝統音楽・伝統芸能を自分の得意なMIで調べて表現する授業です。日本の伝統音楽・伝統芸能はこれまで生徒にとってなかなか興味をもちにくい題材でしたが、自分の得意なMIで自分なりに表現することで、雅楽の音程で現代のポップミュージックを演奏したり、アニメキャラに楽器をあてはめて語ったり、生徒の興味関心にあわせて親しみやすくわかりやすい発表が工夫されていました。
単元名	「日本の伝統芸能の特徴を感じ取って、その魅力を味わおう」
単元目標	（1）音楽の特徴とその背景となる文化や歴史との関わりについて理解する。（知識） （2）音色、リズム、旋律、形式を知覚し、それらの働きが生み出す特質や雰囲気を感受しながら、知覚したことと感受したこととの関わりについて考えるとともに、音楽表現の共通性や固有性について自分なりに考え、音楽のよさや美しさを味わって聴く。（思考・判断・表現） （3）日本の伝統芸能が生まれた背景や、謡、囃子の音色やリズム、速度の変化、演者の所作や舞、歴史的背景などに関心をもち、音楽活動を楽しみながら主体的・協働的に鑑賞および表現の学習活動に取り組み、我が国の伝統音楽に親しむ。（学びに向かう力、人間性等）
本時の目標	（1）曲の特徴や魅力とその根拠などについて自分にあった表現を工夫して発表できる。 （2）他者のプレゼンテーションを通して、自分とは異なるとらえ方や感じ方を知り、音楽の聴き方の多様性に気付くことができる。
班の作成	個人でも、グループでも良い。
このクラスのMI特性	得意なMI：「視覚・空間」「身体・運動」「音楽・リズム」の数値が高い生徒が多い。 苦手なMI：「自然・博物学」が他に比べて低い。

		自らのＭＩを生かしてそれぞれ得意なＭＩや自分の興味関心に近いところからアプローチし、伝統芸能に迫り、それを他者にプレゼンテーションすることにより、生徒相互に学習の深化をはかる。
支援のヒント		
キーワード		得意なＭＩ特性をアウトプット活動で。

ルーブリック評価

	知識・技能	思考・判断・表現	主体的に学習に取り組む態度
A	ワークシートや作品、表現活動の中で、その音楽の特徴と背景となる文化や歴史等芸術との関わりについて理解している。	ワークシートや観察により音色、リズム、速度、旋律を知覚し、特質や雰囲気を感受しながらそれらの関わりについて考え独自に表現している。	ワークシートや観察により、音楽活動を楽しみながら主体的、協働的に鑑賞、表現の学習に取り組んでいる。
B	ワークシートや作品、表現活動の中で、その音楽の特徴と背景となる文化や歴史等芸術との関わりについて資料を用いて調べている。	ワークシートや観察により音色、リズム、速度、旋律を知覚し、特質や雰囲気を感受しながらそれらの関わりについて表現している。	ワークシートや観察により、音楽活動を楽しみながら鑑賞、表現の学習に取り組んでいる。
C	ワークシートや作品、表活動の中で、その音楽の特徴と背景となる文化や歴史等芸術との関わりについて関心をもっている。	ワークシートや観察により音色、リズム、速度、旋律を知覚し、特質や雰囲気を感受しながらそれらの関わりについて既存の資料で表現している	ワークシートや観察により、鑑賞、表現の学習に、教師や他者に促されながら取り組んでいる。

教科担任へのインタビュー

1　演奏したグループはどんな曲を選んでいましたか？

　演奏した人たちは多様な曲を選んでいました。器楽合奏では雅楽の「越天楽（えてんらく）」を演奏したグループがいくつかありました。また、歌舞伎の「勧進帳」の一節を謡ったグループもありました。

2　先生が一番印象に残っている発表はどれですか？

　一番心に残っている発表は、BGM効果音つきアニメーションを作ってきた生徒の作品です。

　又、人形作家のような、素材も完璧なミニチュア歌舞伎衣装を自分で縫ってきた生徒も印象に残っています。生徒の感性はすごいです。教員の想像を超えてきます。

3　ＭＩの授業を実際やってみて、どうでしたか？ご感想をお願いします。

　教員が一方的に講義する授業に比べて、生徒が主体的に自分のＭＩを生かして活動することで、対象を深く理解することができます。また生徒それぞれの個性が発揮された、バラエティに富んだクラスメイトの発表を鑑賞することにより、興味をもって楽しく日本の伝統音楽・伝統芸能について学習することができました。

マンガ　島田麻衣さん作

MI 授業（音楽）を受けての生徒の感想

他の生徒から学んだ

・興味を持たせるような話し方・発表の仕方を工夫していて、発表の参考になった。

・発表には様々な方法があり、発表の仕方を工夫することで相手にわかりやすく伝えられるとわかった。

生徒から刺激をうけた

・みんなレベルが高く、良い刺激になった。素直にすごいな、と新鮮に感じた。

・それぞれ個性のある発表で聴いていて楽しかった。同じものを発表しているのに、まとめ方が違っていて、良かった。ほどよい刺激で自分をもっと成長しなきゃ、と感じた。

・みんな違って楽しかった。特にＡくんは日頃と違って、トランペットを吹いている時、かっこよかった。

・MIの取り組みでみんなの良さが際立って良かった。

より理解が増した

・それぞれの生徒の着目する視点が違って、聴き応えがあり、わかりやすかった。

・みんなそれぞれ得意なことを使って、短い時間で集中していた。

・様々な視点から作者の人生が見えてきた。こんなことがあったのだな、と学べて良かった。

表現の違いから知的好奇心がわいた

・博物学知識の人が多く、よく調べていて、内容が伝わってきた。作曲者などに興味がわいた。

・絵（視覚・空間）で表すことにより、言葉では表せないような景色が伝わってきた。

・同じものでも表現が異なり、多様性があり面白かった。

・楽器で演奏している人はたくさん練習したのだろう。いつもの発表とは違って、とても楽しい発表でした。

・単に曲を聴いてだけではわからない、作者の内面を想像して物語を作っている人がいて面白かった。

・多種多様で聴いていて面白かった。作品の背景を自分なりに捉えていて、聴いていて勉強になった。斬新な考えもありすごいな、と思った。

・音楽の偉人の過去を調べていくと作品についてもっと理解が増すとわかった。

発表への反省

・緊張して声が震えた。もう少し自信をもって発表すればよかった。

批判的思考

・ネットから１文字も変えずに引っ張ってくるのはよくない。Ｂさんの発表は良かった。自分の意見と考えたことの裏付けまで調べていた。

音楽の授業を参観された他の学校の音楽の先生の感想

・授業者が、多様な生徒に対応できるように授業デザインをすることで、教科の見方・考え方を活かして個々の生徒の深い学びを促すことができるのだと実感しました。

また、生徒自身が自身の MI 特性を活かし、聴く側の MI 特性も意識して多様性を意識して発表をしていることが分かりました。

・漫画や歌、楽器など自分が得意とする表現で発表することで、自然と知識も入ると感じました。また、他の生徒の発表を様々な方法で聴くことで、教師が教えるよりも興味をもって意欲的に学習に取り組めていたと思います。発表後の「なるほど」「そういうことか！」「よかったよ」「いいね」「すごいね」など生徒同士で声かけがあり、新しいことを知れた喜びが表れているようでした。

（授業提供者：久住直子）

３ 小学校における性の多様性教育の実践

3.1 はじめに

　近年、学校の中でLGBTQについて学校教育で教える必要性を感じている教員は７割以上おり、特に小学校までに教えてほしいというアンケート結果もあります。どのようにLGBTQについて教えたらいいか分からないという教員も少なくありませんが、単純に用語の説明を行うだけの場合もあれば、LGBTQだとカミングアウトしている当事者の話を聴く、LGBTQを取り巻く課題について学ぶ等、様々な方法があります。しかし、１章でも触れたように、LGBTQについて学ぶことも重要であると同時に、それらを通じて自身の性のあり方について学んだり、考えることも必要です。実際に性教育の分野では、同性愛や性別違和を、性的指向や性自認について学ぶ文脈で取り扱ってきました。

　今回の実践報告では、思いやりや自律性・責任感が高まる時期にあたる小学校高学年の生徒に対し、LGBTQだけでなく、自分を含め「性別」について改めて考えてもらえるような授業を実施しました。なお、本実践は報告で「LGBT」という用語を使用したため、そのままの表記を使用しています。

3.2 実践内容

　2019年に東北にある公立小学校の複式学級の児童16名（５年生４名、６年生12名）で授業の実践を行いました。授業は、１回完結型の授業で、トランスジェンダーのゲストスピーカーを呼び、授業を実施しました。

　生徒の実態として、「LGBT」や「性的マイノリティ」という用語はほとんど知らないものの、同性愛者や性別に違和感のある人の存在はテレビで見聞きした経験はありました。児童の保護者によっては、LGBTQに対する差別的な発言がある家庭もある様子でした。

　今回の授業では、そのような背景があることも含め、多様な性について改めて学び、「男・女」や「男らしさ・女らしさ」といった性別について考える目的で90分授業を実施しました。本授業を通じて、性を構成する要素について学び、多様な性のあり方の人がいること、どんな性別であっても自分らしさを理解し大切にする態度を養うことを目標としました。

　授業の内容は表１の通りです。授業では、LGBTやその支援スキルだけに内容が偏らないように留意し、多様な性に関して自分自身のことを考えたり、性別規範（男らしさ、女らしさ）について考えるような内容で構成しました。授業内ではワークシートを用意し、それぞれワークシートの課題に対する回答や、説明後に感想を自由に記入するような項目

を作成しました。

表1　授業の流れ・内容

	概要	時間	主な内容
1	自己紹介、目標の確認	2分	・ゲストの自己紹介 ・本時の目標の確認 　①いろいろな性のあり方について知ろう 　②男女について考えよう
2	多様な性に関する説明	23分	・【ワーク1】「女」「男」である条件について話し合う ・多様な性について解説（からだの性、生まれた時にわり当てられた性、こころの性、表現する性、好きになる性、個人の性のあり方と性別規範、性別役割）
3	当事者のライフヒストリー	15分	トランスジェンダー当事者のライフヒストリー（幼少期から社会人である現在まで）
4	感想記入1	5分	【ワーク2】「同性が好きな人」や「からだの性とこころの性が同じだと感じない人」に対して、どのように考えが変わったか記入
5	ジェンダーと仕事	15分	【ワーク3】働いている人のイラストを見て思ったことについて話し合う
6	ディスカッション・質疑応答	30分	感想や学んだことを全体で共有、「ちがい」に関する担任からの問いかけ（障害、LGBT等）、質疑応答
7	感想記入2	10分	【ワーク4】授業全体を終えて感想記入（授業時間外）

注）6の「ディスカッション・質疑応答」のみ、担任主導で実施されました。

　今回の報告では、授業を受けた16名の生徒のうち、1名はワークシートが未提出、1名は記述がなかったため、分析から除外し、合計14名（5年生4名、6年生10名）の児童のワークシートを分析し報告しています。なお、本授業実施の目的やワークシートの分析方法、個人情報の管理と研究結果の公表方法については、事前に授業実施担当者を通じて説明を行い、保護者・管理職の同意の下、個人が特定されない形で行っています。

　次項では、実際の生徒のワークシートや授業の様子に基づき、実施内容の詳細や注意点、生徒の反応等を具体的に報告します。

3.3　実践報告

（1）自己紹介、目標の確認（2分）

　本授業では、トランスジェンダー当事者に出会うだけでなく、生徒自身も多様な性の1人であることを認識してもらうことを重視していました。そのため、LGBTを含む「①いろいろな性のあり方について知ろう」という目標だけでなく、普段生徒たちが当たり前に使っている「男女」について考えてもらうために、「②男女について考えよう」という目標を確認しました。

（2）多様な性に関する説明（23分）

　まず導入として、生徒たちが性別に対してどのようなイメージを持っているか言語化し

てもらうために、【ワーク1】「「女である」「男である」ためには、どんなことが必要だと思いますか？グループで話し合って、できるだけたくさんあげてみましょう。」と投げかけ、ワークシートに記述してもらいました。記入に戸惑っている生徒がいる場合は、「男の子／女の子なんだから～と言われたことある？」「見た目の特徴で違いはありそう？」等を尋ね、記入を促しました。

　ワークシートに記述された内容を、授業内で扱った性に関する構成要素に分けると、表2のようになりました。

表2　ワーク1：男・女の要素の回答内容

	「女」	「男」
性自認	心、自覚	心、自覚
身体の性	体、まるい、髪が長い、声が高い	体、がっしりしている、髪が短い、力が強い、声が低い
性別表現	「服装」 スカート・ワンピース、かわいいもの	ズボン
性的指向	なし	なし
割り当てられた性	なし	なし
性別役割	【性格】 ・優しい ・穏やかな人が多い ・明るい ・おしとやか ・お世話 ・手先が器用 【好きなもの】 ・料理や読書が好き ・ゲーム ・ゲームをあまりしない ・かわいいもの、きれいなものを集める ・かわいいものが好き 【見た目に関すること】 ・美容 ・化粧 ・自分を磨く ・おしゃれする 【その他】 ・女としての権利がある ・女の子と話がよく合う	【性格】 ・やんちゃ ・暗い ・楽しいことに一生懸命 ・アグレッシブな人が多い ・ロマン 【好きなもの】 ・戦うものなどが好き ・ゲームが好き ・かっこいいものを集める ・かっこいいものが好き ・体を動かす、スポーツ ・運動や遊びが好き ・車やヒーロー映画が好き 【その他】 ・男としての権利がある ・男の子と話がよく合う

注.【　】内は筆者が内容に応じて分類した。

　表2の結果から、ほとんどの生徒が性別役割（その性別に期待される行為や振る舞い等）に関する回答をしていることが分かりました。また、性自認や身体の性、性別表現に関する項目もある一方で、性的指向や出生時に割り当てられた性別（身分証や行政で登録されている性別等）については回答がありませんでした。このことから、小学校高学年でも、すでに社会から男女に期待される行為やふるまいを認識しており、性別に関する趣味や性格のイメージが形成されていることが分かります。

　記載内容は1班4名程度のグループでシェアしてもらい、全体で各班にどのような内容があったか発表をしてもらいました。発表された内容を黒板に書いた後、講師が性別に関

する構成要素について、生徒からあがった内容も踏まえながら説明を行いました（図1参照）。生徒たちは一つひとつの項目をじっくり聞いている様子でした。なお、自身の性のあり方について他の人に知られないよう安全な場にすることや、自己理解を深める時間にすることを意識し、講師が説明している間は生徒に尋ねたり、意見を求めないよう留意しました。

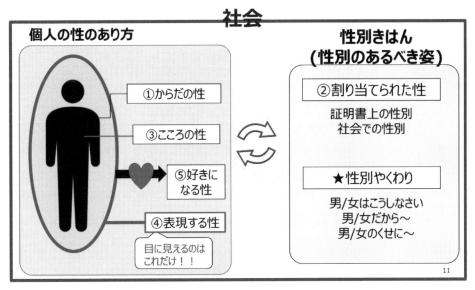

図1　性のあり方について説明をする際に使用したスライド（一部）

（3）当事者のライフヒストリー（15分）

　LGBT当事者に出会うことで、生徒がそれぞれ持っているLGBTに対するイメージの変容を促すために、LGBT当事者をゲストに招きました。今回の授業では、トランスジェンダー男性（出生時に女性として割り当てられ、性自認が男性で現在男性として社会生活を送っている人）をゲストに招き、幼少期からの性別への違和感や友達・家族との関係、悩んだ過去や現在の状況等を話してもらいました。生徒たちはゲストの話に耳を傾け、じっくり聴いている様子でした。話の最後では、いろいろな性のあり方の人がいることを伝えました。

（4）感想記入1（5分）

　その後、【ワーク2】では、ここまでの話を聞いてみて、LGBTに対する意識がどのように変化をしたかを確認するために、以下の2つの課題に取り組んでもらいました。

①　今回の授業を受ける前と後で、「同性が好きな人」や「からだの性とこころの性が同じだと感じない人」に対して、考えが変わりましたか？（「1．変わった」「2．変わらなかった」「3．どちらとも言えない」の中から、あてはまる数字に○をつけてみましょう。）

② 「1．変わった」を選択した人は、どのような考えが、どう変わったか、教えてください。「2．変わらなかった」を選択した人は、どのように思っているか教えてください。「3．どちらとも言えない」を選択した人は、その理由を教えてください。

　回答では、「考えが変わった」と回答する生徒がほとんどであったことから、授業前は異性愛やシスジェンダーが当たり前という考えや、「同性が好きな人はおかしい」という考えを持っていたことが分かりました（図2参照）。授業内で多様な性の構成要素について触れ、LGBTを含む多様な性のあり方の人がいるという知識を得ることで、改めてその存在を認識し、LGBTに対する誤解を柔軟に修正していたことが感想からも明らかになりました。

　また、性の多様性に関する講義やトランスジェンダー当事者のライフヒストリーを受けて、「言葉づかいに気をつける」「悪口を言わずに助ける」のような援助行動や、「差別せずに受け入れる」といった受容的態度に関する記述も見られました。このことから、教示的に伝えずとも、それぞれの生徒が当事者の体験談を聞くことで、他者への思いやりや起こしたいアクションについて自分なりに考えていたことも分かりました。

・男の人も女の人も心は違ったりするんだと思った。

・人は異性を好きになると思っていたけど同性を好きになる人もいると考えが変わった。

・いままでは同性が好きな人はおかしいのかなというかんじでしたが、今回の話をきいて、考えが変わりました。

・自分が生まれた時の性別で生きていくのがふつうだと思っていたけれど、心の性があって心と体の性がちがう人など、さまざまな人がいるのだと思いました。

・相手に対する言葉づかいに気をつける。

・ネットの世界では同性が好きな人だとか言うと知らない人にいやなことを言われるので、その知らない人みたいに悪口を言わずに助ける。

・授業を受ける前は、そういうことを考えたことがなかったけれど、授業を受けて、差別せずに「同性が好きな人」などの人たちを受け入れるという気持ちになりました。

・差別をするのではなく、受け入れて性別関係なく暮らせていければいいなと思いました。

図2　ワーク2での感想の例

（5）ジェンダーと仕事（15分）

　このセクションでは、渡辺大輔（2019）『マンガワークシートで学ぶ 多様な性と生』（子どもの未来社）の中にあるイラストを用いました。このイラストは、例えばバス運転士や政治家、外科医、消防士、大工は女性、キャビンアテンダントや看護師、保育士や受付、栄養士を男性がしていたりと、典型的な職業イメージに当てはまらない性別のイラストを使用しています。また、これ以外にも弁護士が車いすの男性だったり、教師に黒人の男性だったりと、多様性を感じてもらえるようなイラストになっています。本授業では、

【ワーク3】としてこのイラストを提示し、生徒たち自身がどのような性別と職業に関するイメージを持っているかを確認するために、感想を尋ねました。

　生徒たちの反応として、ほとんどの生徒が「男性がやる仕事を女性がやっている、女性がやる仕事を男性がやっている」「イメージしていた人の性と、逆の人がやっている」と指摘しました。また、「性別・障がい・見た目に関係ない」「障がいを持っていたり黒人の人も関係がなく仕事をしている」といった、性別以外の点に気づいている生徒もいました。これらの反応から、すでに生徒たちは職業における性別の偏りに関するイメージを持っていることが分かります。

　話し合いの後、講師から社会にある性別による職業の偏りだけでなく、「男らしさ」「女らしさ」というイメージがあること（図3参照）、周囲と異なることの安心と不安について話がありました。最後に、性別や普通にこだわりすぎず、自分らしさを見つけることの大切さを伝え、授業を終えました。

本当に「男らしい」「女らしい」ってあるの？

男は強くないといけない
男は泣いちゃいけない
男は青が好き
男はたくさん働かないといけない
女は可愛くないといけない
女は守られるべき存在
女は目立っちゃいけない
女は家庭を守らないといけない

本当に？
勝手に決めつけてない？
周りがそうだから、同じようにしてるだけかも？

疑うことが大切

図3　「男らしさ」「女らしさ」に関するスライド

（6）ディスカッション・質疑応答（30分）

　この時間では、担任講師が主導のもと、感想や学んだことを全体で共有しました。質疑では、トランスジェンダーのゲストに対して、「友達に言われてうれしかったことは何ですか？」「家族の人には話していますか？」といった人間関係についての質問や、「好きなゲームは何ですか？」のようなテーマに関わらず人として見てくれているような質問もありました。また、「小学校の時の自分に伝えたいことは何ですか？」といった鋭い質問もあり、それぞれの生徒が授業を通してゲストを思いやりつつ、人として知っていきたいという姿勢をうかがうことができました。

（7）感想記入2（10分）

　授業後、【ワーク4】として授業全体を終えた感想を記入してもらいました。【ワーク2】と似ている部分も多かったですが、LGBTに関する知識や理解、態度だけでなく、自分自身を振り返っている感想もありました（図4参照）。

・あまり気にしたことがなかった性はとても大事なことだということがわかりました。性にもいろいろな種類があって、「体の性」や「こころの性」や「好きになる性」や「表現する性」というので、この性にはたくさんの役目がありました。
・性のことを楽しくたくさん知れてよかったです。世の中には、こういった人もいるのだなあと思いました。
・私はあらためて性でなやむ人が身近にいたら、はげますような声をかけて助けてあげたいです。
・「困ったことはない？」や「大丈夫？」などそういった言葉を言ってあげたいです。
・一人一人の困ったことに目を向けて、どんな人でも暮らしやすい社会をつくっていこうと思った。
・わたしが学んだことは、自分の道を進むことが大事だということがわかりました。
・私はかっこいいことが好きなのでこの気持ちを大切にしようと思いました。
・性別で区別せず自分らしく生きていきたいと話を聞いて思いました。
・今日の授業で人にはそれぞれ特ちょうがあって、自分らしく生きることが大切だと思いました。

図4　ワーク4での感想の例

　感想では、知識に関するものや、当事者との出会いを通じた単純な発見に関するものだけでなく、「悩む人が身近にいたら励ましたい」「困ったことはない？大丈夫？のような言葉をかけたい」といった援助行動に関する感想や、「どんな人でも暮らしやすい社会を作りたい」といった共生に関する記述もいくつか見られました。また、「かっこいいことが好きな気持ちを大切にしようと思った」「性別で区別せず自分らしく生きていきたい」のような自分ごととしての学びに関する記述もいくつか見られました。これらのことから、今回のような性の多様性や性別規範について問い直す授業により、LGBTだけでなく自分自身の性のあり方について考えることができた児童もいたことが分かりました。

3.4　おわりに：多様な性に関する授業実践に向けて

　今回の授業は、あくまで実践例の一つに過ぎません。これまでの学校教育では、障がい・異文化のような社会的マイノリティを取り扱う際、見た目で分かりやすいマイノリティ性を持つ他者と出会うことを通じて、知識を得たりしていました。その場合、自分たち自身を振り返るよりも、「そういう人もいるんだ」という発見に留まり、自分ごととして考えるに至らない授業が多かったかもしれません。社会にある差別や偏見について人権課題として取り扱うことも重要ですが、他人事で終わらせないためには共通の課題として認識しておく必要があります。

　今回実践したLGBTに関するテーマは、根本には「この性別はこうあるべき」というジェンダーの問題が関わっており、その点においては誰もが「当事者」となります。

LGBT当事者の話を、多くの人が「自分に関係のない人たちの話」として終わらせないためにも、ジェンダーのような共通項と関連させて取り扱うことで、自分ごととして考える機会になることが期待されます。今回のような授業を通じて、まず自分自身がどのようなジェンダー観を持っているかを自覚すること、そして「性別よりも自分がしたいことを大事にしていい」というメッセージを受け取ることは、今後の生き方や進路決定の際にとても重要だといえるでしょう。1回の授業で取り扱おうとせず、日常の中で話題にしたり、別の文脈で同様のメッセージを送る等、学校というすべての場を通じた教育を期待します。

※本実践報告は、渡邉歩（2021）「小学校高学年への性の多様性に関する授業実践の効果と課題」『早稲田大学大学院教育学研究科紀要：別冊28（2）』（pp. 163-172）に掲載された内容の一部から抜粋し、修正を加えた内容です。

参考文献

認定NPO法人ReBit（2022）「LGBTQ子ども・若者調査2022」, https://prtimes.jp/main/html/rd/p/000000031.000047512.html（2023年6月19日閲覧）

日高康晴（2021）「子供の"人生を変える"先生の言葉があります2021」, https://www.health-issue.jp/teachers_survey_2019.pdf（2023年6月19日閲覧）

渡辺大輔（2019）ワークシートで学ぶ多様な性と生　子どもの未来社

編 著 者：**本田恵子** ［第1章、第2章、第3章：小学校事例］
　　　　　早稲田大学　教育・総合科学学術院教授
　　　　　アンガーマネージメント研究会代表
　　　　　早稲田大学インクルーシブ教育学会会長
　　　　　（公認心理師、臨床心理士、学校心理士、特別支援教育士スーパーバイザー）

執 筆 者：**藤田真理子** ［第1章］
　　　　　早稲田大学教育学科教育心理学専修助手
　　　　　早稲田実業学校スクールカウンセラー
　　　　　（公認心理師、中学・高等学校数学教諭）

　　　　　江濱悦子 ［第3章：中学校事例］
　　　　　東京都公立中学校教諭
　　　　　兵庫教育大学教職大学院学校経営コース修了
　　　　　早稲田大学インクルーシブ教育学会理事

　　　　　渡邉　歩 ［第1章、第3章：小学校事例］
　　　　　筑波大学人間系研究員
　　　　　早稲田大学教育学部非常勤講師
　　　　　早稲田大学教育総合クリニック相談員
　　　　　NPO法人共生社会をつくる性的マイノリティ支援全国ネットワーク
　　　　　　副代表理事（公認心理師、中学・高等学校英語教員免許取得）

イラスト：**横　春賀** しろくまデザイン

「8つの知能」をいかすインクルーシブ教育
MI理論で変わる教室

2024年5月27日　第1版第1刷発行

編著者──本田恵子
発行人──鈴木宣昭
発行所──学事出版株式会社
　　　　　〒101-0051　東京都千代田区神田神保町1-2-5
　　　　　TEL 03-3518-9655
　　　　　https://www.gakuji.co.jp

編集担当　（株）大学図書出版
装丁　水野七海
印刷製本　精文堂印刷株式会社

ISBN978-4-7619-3004-2　C3037